A teljes meditációs ülés

A *KAGYÜ-NYINGMA* MEDITÁCIÓ
ELMÉLETE ÉS GYAKORLATA
A *SAMATHÁ*TÓL A *DZOGCSEN*IG

Tony Duff
Padma Karpo Translation Committee

Copyright © 2015 Tony Duff. Minden jog fenntartva. E könyv egyetlen részlete sem sokszorosítható, sem elektronikus, sem mechanikai formában – a fényképezést, a hangfelvételt, és minden ma ismert vagy majdan kifejlesztett információtárolási, illetve visszanyerési rendszert és technikát is beleértve – a kiadó írásos beleegyezése nélkül.

Első angol nyelvű kiadás 2007.
Első magyar nyelvű kiadás 2015. január
ISBN papírkönyv: 978-9937-572-74-3
ISBN e-könyv: 978-9937-572-73-6

A könyv WordPerfect X6 szövegszerkesztővel, Janson és Lydian betűtípussal készült.

Szerkeszti, nyomtatja és kiadja:
Padma Karpo Translation Committee
P.O. Box 4957
Kathmandu
NEPAL

E könyv létrehozatalában közreműködtek: írta Tony Duff; a magyar kiadás fordítója Agócs Tamás; olvasószerkesztő Farkas Pál; borítótervező Romvári György.

Honlap és e-mail kapcsolat: http://www.pktc.org/pktc
vagy "Padma Karpo Translation Committee" címen az interneten.

TARTALOMJEGYZÉK

BEVEZETŐ v

I. LEHETŐSÉGEK

Az ember megvilágosult magva 3

Mit mondanak a nagyszerű lények az ember megvilágosult magváról 9

II. ÁTTEKINTÉS

A meditáció ösvényének áttekintése 25

III. A TELJES MEDITÁCIÓS ÜLÉS

Előkészület:

    Menedékvétel és a megvilágosodás-tudat felkeltése 35

Fő gyakorlatok:

    A valóságba történő betekintés kifejlesztése a *samatha* és *vipasjaná* gyakorlatok révén 59

    A test kulcspontjai: A testtartás 63

    A tudat kulcspontjai: A *samatha* 65

A tudat kulcspontjai: A *vipasjaná*: A kétfajta
valóság és az üresség 83

A tudat kulcspontjai: A *vipasjaná*: Az üresség
fokozatos megértése a négy buddhista
filozófiai iskolán keresztül 105

A tudat kulcspontjai: A *vipasjaná*: Az üresség
megismerése az idő vizsgálatán keresztül 119

A tudat kulcspontjai: : Vadzsra Jármű meditációk
a valóságon 123

Befejezés:

Felajánlás: a pecsét 139

GLOSSZÁRIUM 143

TANULMÁNYI SEGÉDANYAGOK 167

TÁRGYMUTATÓ 173

Bevezető

E könyv lapjait egy egyszerű igazság hatja át: az ember olyan tudattal rendelkezik, amelynek a felszíne rothadt, ám a belseje tiszta. A tudat e tiszta, benső magvához meditációval lehet visszatérni. E könyv azon meditációk menetét mutatja be, amelyeket a tibeti buddhizmusban arra használnak, hogy visszatérjenek a tudat egészséges magvához.

A Buddha lényegi üzenete szerint az ember alapjában véve egészséges, s néhány lényegre törő meditációs gyakorlat segítségével vissza is nyerheti eredeti egészségét. Ezt az egyszerű üzenetet azonban néha sajnos beárnyékolja egyes tibeti buddhista iskolák megközelítésmódja, amelyek egy „tudományos" meditációs fajtát helyeznek előtérbe. E hagyományok tökéletesen hűen mutatják be a buddhista gyakorlatokat, s módszerük a mai népesség magasan fejlett értelmi képességei miatt hatékony is lehet. Olykor azonban az értelmi vizsgálaton alapuló megközelítés gyógyszer helyett méreggé válhat a modern gondolkodású ember számára, aki már eleve bele van gabalyodva a fogalmakba. Előfordulhat, hogy e módszer a meditálókat önkéntelenül is a „problémázó" tudathoz szoktatja hozzá ahelyett, hogy azon túlra, a tudat romlatlan belsejébe juttatná őket.

A *Kagyü* és a *Nyingma* – a tibeti buddhizmus négy fő iskolája közül kettő – a problémázó tudat keresztülvágására és az összes lény bensőjét alkotó egészséges tudatba való közvetlen behatolásra szolgáló meditációs gyakorlataikról közismertek. Jómagam e gyakorlási stílust Cshögyam Trungpa Rinpócsétől tanultam el, a vele és közösségével eltöltött tizenkét esztendő alatt, a huszadik század vége felé. Azóta eltelt életem alatt a *Kagyü* és a *Nyingma* hagyományvonal sok más mestere számára tolmácsoltam, s e meditációs típust közvetlenül is tanítottam nem tibetiek számára.

Mingyur Rinpócse azon *kagyü-nyingma* tanítók egyike, akik számára az elmúlt években tolmácsoltam, s aki a tudat e közvetlen megközelítésének hagyományát képviseli. Rinpócse a tibeti tradíció népszerű, feljövő tanítója, aki arról vált ismertté, hogy a mai nyugati tudomány nyelvezetét használja a buddhizmus tanítására. Együttműködésünk korai szakaszában elmondtam neki, hogy össze szeretnék állítani egy könyvet a tanításaiból, aminek ő nagyon örült. Néhány tanítását, szíves támogatásával, saját írásaimmal és tibeti fordításaimmal kombináltam, hogy megalkossam ezt a könyvet.

Általánosságban szólva, a tibeti buddhizmusban sokféle szintű meditációs gyakorlat létezik, a Buddha által tanított legalapvetőbb gyakorlatoktól kezdve egészen a legmagasabb gyakorlatokig, amelyeket egykor csak néhány arra érdemes ember gyakorolt titokban. A legmagasabb, Mahámudrá és Nagy Beteljesedés elnevezésű gyakorlatok csak nemrégiben kerültek nyilvánosságra. Sok szellemi ösvényen járó ember hallott már felőlük, és minden másnál jobban vágyik rájuk. Az emberek többségének azonban egy szokványosabb szintű spirituális gyakorlással kell kezdeniük. Csak akkor kezdhetik el e magasabb szintű gyakorlatokat, ha és amikor méltónak bizonyulnak.

Az ember többféle módon képezheti magát, hogy a magasabb gyakorlatokra felkészüljön. Egyes módszerek azt célozzák, hogy spirituális értelemben "jó embert" faragjon magából, hogy aztán továbbléphessen. Más módszerekben a magasabb gyakorlatok különleges technikái is szerepet játszanak. Az egyik igen ötletes megközelítés olyan gyakorlatra tanít, amely összhangban van a magasabb gyakorlatokkal, de nem árulja el azok titkait. Ez az általánosan alkalmazható meditációs gyakorlat nem csak önmagában működik, hanem a magasabb gyakorlatok felé való továbblépésre is lehetőséget nyújt. E könyvben ezt a – *samatha-vipasjaná* nak nevezett – meditációs stílust ismertetjük. A meditáció teljes megközelítését tanítja a *samatha-vipasjaná* szinten, valamint tartalmaz egy, a magasabb gyakorlatok stílusát ismertető fejezetet. Mindezt a tibeti *Kagyü* és *Nyingma* iskolák hagyományai szerint mutatja be.

Mingyur Rinpócse és tanítási stílusa

Mingyur Rinpócse egy Jonggé Mingyur Dordzse nevezetű személy nyolcadik megtestesülése, aki Kr.u. 1648-ban született. *Kagyü* gyakorló volt, aki feltárt egy nagyobb, "Égi kincsek" című kincskészletet, amelyet eredetileg Padmaszambhava rejtett el. Ebből kifolyólag Mingyur Dordzse Tertönnek – vagyis Kincs-feltárónak – is nevezték. Hagyományosan szinte az összes kincs-feltáró a *Nyingma* hagyományvonalhoz tartozik. Mingyur Rinpócse azonban a *Kagyü* hagyományvonalhoz tartozott. Azóta született megtestesülései is *kagyü* gyakorlók voltak, szoros kapcsolatban a *nyingma* tanításokkal. Valamennyi inkarnációja magas szintű megvalósításáról volt híres.

Mingyur Rinpócse Coknyi Rinpócse öccse. Mint Coknyi Rinpócse személyi tolmácsát, engem kértek fel tolmácsnak Mingyur Rinpócse számára, amikor első ízben tanítani kezdett, és elkísértem első egyesült-államokbeli körútjára, az 1990-es évek második felében. Rengeteg órát töltöttünk kettesben a modern fizika és biológia bonyolult kérdéseinek megtárgyalásával. Eléggé ismerem a tibeti nyelvet és a buddhista gondolkodásmódot ahhoz, hogy lefordítsam a nyugati tudomány elképzeléseit, melyeket alapos tudományos képzés során sajátítottam el, egy olyan nyelvre, amelyen Rinpócse igazán értett. A különféle elméletekről és elvekről folytatott eszmecseréink beépültek tanítási stílusába; tudta, hogy a nyugatiakhoz a tudomány általi tanítás segítségével lehet közelebb jutni. Nemsokára azon kaptam magam, hogy Dharma hallgatósága számára tibetiről angolra fordítom vissza Heisenberg bizonytalansági elvét és a többi bonyolult elméletet, amiről beszéltem neki. Csak álmélkodni tudtam a helyzet komikumán. Kiváló együttműködés volt köztünk, és ez szemlátomást sokat használt a közönségnek.

Rinpócse tudományos stílusa azóta is eléggé szembeszökő, amikor a valóság természetét magyarázza. Nekem azonban az alább felsorolt okok miatt fenntartásaim vannak e megközelítéssel szemben. Végső soron, tolmácsként, azt vettem észre, hogy nem sok értelme van tudományos elméletekről szónokolni azoknak, akik a buddhizmus gyakorlása iránt érdeklődnek. Csak arra jó, hogy megerősítse azt a hitrendszert, amelyhez a nyugati világ már amúgy is ragaszkodik. Ráadásul csúfos kudarcot vall abban, hogy rámutasson a két rendszer legfőbb közös vonására: a valóság kiderítésének és felfogásának eszközéül szolgáló tudat fejlesztésére, ami a buddhista tanításban a legértékesebb.

Később Rinpócse megkérdezte tőlem, hogy elkísérném-e Nyugatra egy pár éves időszakra. Egy főiskolai helyet ajánlottak fel neki, és azt szerette volna, hogy konzulensként én is vele tartsak. Akkorra azonban én már nem voltam meggyőződve arról, hogy az a tiszta tudomány, amelyet tanulmányoz, a közönségben lévő átlagszemély hasznára válik. Az volt a véleményem, hogy egy olyasfajta pszichológiai jellegű megközelítés hatása, amilyet Cshögyam Trungpa Rinpócse alkalmazott, valószínűleg messzebbre terjedne. Így azt a nehéz döntést hoztam, hogy nem tartok vele.

Úgy vélem, hogy a buddhizmus tanításakor leginkább a tudati eszközök kifejlesztésére és azok használatára érdemes koncentrálni, a nyugati racionális gondolkodás számára érthető módon kifejezve, ám mellőzve az összes ráadást jelentő tudományos elméletet. E könyv éppen erről a megközelítésről szól. Oly módon mutatja be a buddhizmust, hogy a tudományos megközelítést kedvelő olvasó megérthesse, de nem bocsátkozik olyan tudományos részletkérdésekbe, amelyek a lényegről vonnák el a figyelmét.

A tudomány és a buddhista meditáció találkozási pontja

Húszas éveim elején otthagytam az egyetemet, ahol korábban doktori programot folytattam és molekuláris biológiáról szóló tudományos cikkeket tettem közzé, hogy buddhista szerzetessé avattassam magam. Szerzeteskoromban rengeteg buddhista filozófiáról és gyakorlatról szóló tanítást kaptam. Emlékszem, milyen izgatott lettem, amikor észrevettem a tanítások kapcsolatát a nyugati tudománnyal. Igyekeztem magamra terelni igen jól képzett tibeti tanítónk figyelmét, hogy megtárgyaljam vele ezt a kapcsolatot. Ő azonban ez egy cseppet sem érdekelte, és nyomatékosan hangsúlyozta az általa adott meditációs utasítások követésének szükségességét. Akkoriban igen kiábrándító volt a visszautasítása. Ennek ellenére volt hitem a képzésében, és elköteleztem magam, hogy a lehető legtöbbet fogok tanulni és gyakorolni, épp úgy, ahogy javasolta. Most, sok-sok év gyakorlás és tanulás után tisztán látom álláspontja jelentőségét. A tudomány érdekes elfoglaltság, ami kétségtelenül kielégíti az emberi értelmet, és jól összefér a racionális elmével, amely a modern nyugati civilizációt fémjelzi, ám nem képes felfedni a tudat valódi természetét.

Ha a tudományokban való hivatalos képzésem összevetem a buddhista rendszer tanulmányozása során szerzett tapasztalataimmal, azt látom, hogy az agy működésével, valamint a térrel és idővel kapcsolatos tudományos fejtegetések nem sokat használnak. Ezek érdekes beszélgetési témák, utak a megértéshez, de gyakran csak a külső valóságba vetett hitet erősítik ahelyett, hogy gyengítenék. Régi tibeti tanítóm pontosan ezt az igazságot értette meg. A buddhisták között népszerű manapság a fizika felfedezéseire hivatkozni, melyek szerint a világ egyáltalán nem szilárd, kézzelfogható. Hiszen a buddhizmus is a szilárd valóság e hiányáról szól, nemdebár? Nos, nem egészen. A tudomány a külső világ kézzelfoghatóságának hiányát fedezte fel, amit a dualisztikus tudat keretrendszerén belül értelmeznek. A buddhizmus ezzel szemben a szilárdság mindenre kiterjedő, alapvető hiányát tanítja – a külső és a belső valóságét is –, egy kettősség nélküli megismerésre támaszkodva.

A buddhizmus szerint azért fontos, hogy az ember betekintést nyerjen a valóságba, mert a valóság a tudattal függ össze. E belátást a buddhizmusban szokványosan a racionális elme kritikai készségének fejlesztésével lehet elsajátítani, mint a nyugati tudományos képzés során. Nem szokványosan azonban a valóságba történő nem racionális, közvetlen betekintés által is el lehet azt sajátítani, mely eljárás a nyugati tudományban ismeretlen.

BEVEZETŐ   xi

A buddhista rendszerben a valóságba való betekintés kifejlesztésének szokványos módjáról szóló tanítások a Buddha exoterikus tanai közt, a szútrákban szerepelnek; a nem szokványos eljárásokról szóló tanításokat pedig az ezoterikus szövegek, a tantrák tartalmazzák. Mindezen tanítások közül a legeslegmagasabb rendűek teljesen mellőzik az értelmi képességet, és nem igénylik a racionális gondolkodás kritikai készségének fejlesztését ahhoz, hogy betekintést nyerjenek a valóságba. Az emberek többségének azonban mégis fejlesztenie kell magában a racionális elme e kritikai készségét ahhoz, hogy a valóságba történő betekintést elnyerjék.

A mai buddhisták többsége szerint a nyugati tudományos oktatás szépsége az, hogy az ember a tudományos ismeretek fényében közelítheti meg a buddhizmus észleléssel és az alapvető valósággal kapcsolatos elméleteit, például az agy működésének mikéntjét, vagy a tér és idő viszonyrendszerét. Saját, mindkét világról szerzett tapasztalataim alapján azonban úgy vélem, hogy ez nagy tévedés. A tudományos oktatásban az a legértékesebb, hogy megtanít helyesen gondolkodni; hogy a kritikai gondolkodásra való készséget fejleszti. Eszközt ad az embernek egy vizsgálat lefolytatásához. Ezt az eszközt a nyugati tudományban az anyagi világ külső valóságának tanulmányozására használják, ám pontosan ugyanazt az eszközt a valóságnak a buddhizmus tanításai szerinti vizsgálatára is fel lehet használni. A nyugati tudomány és a buddhizmus találkozási pontja tehát nem az észleléssel, térrel, idővel és egyebekkel kapcsolatos, fantáziadús elméletek tanulmányozásában, hanem sokkal inkább a belátások megszerzéséhez szükséges tudati eszközök kifejlesztésében rejlik.

A nyugati tudományos oktatásban azzal igyekeznek fejleszteni a kritikai gondolkodásra való készséget, hogy a helyes okfejtésre való képességre összpontosítanak. A buddhista oktatásban szintén ezt a képességet igyekeznek kifejleszteni a tanítványban, de részletesebben és pontosabban magyarázzák el ennek a mikéntjét. Ahhoz, hogy az ember kritikai készsége jól működjön, az elméje nyugodt és összeszedett kell, hogy legyen. A lazításnak, kikapcsolódásnak a nyugati kultúrában általánosan ismert módozatain kívül a nyugati tudománynak nincsenek módszerei e tulajdonságok kifejlesztésére. A buddhista rendszerben azonban alapos és precíz technikák állnak rendelkezésre e tudati minőségek elsajátítására. A tudat egyhegyű összeszedettségét *samathá*nak nevezik, mely szó szerint a nyugolomban időzés képességét jelenti. Az elme éleslátásra való képessége pedig az úgynevezett *pradnyá* vagy *vipasjaná*. A *pradnyá* az elme általános kritikai képessége; a *vipasjaná* pedig a pillanatról pillanatra történő belátás, amely e kritikai képesség egészében történő elsajátításához vezet. Ez a könyv e tudati minőségek kifejlesztéséről és alkalmazásáról szól, mivel végső soron ezek a tudati minőségek teszik lehetővé, hogy betekintést nyerjünk a valóságba, és ezzel együtt spirituális tulajdonságokat alakítsunk ki.

E lényeges tudati minőségeket – az összpontosítás és a belátás képességét – bármire fel lehet használni. Akár még arra is, hogy az ember kiválassza, melyik fogkrémet vegye meg, amikor a helyi, nyugati üzletben kapható különböző fogkrémek széles választékával találja szemben magát. Alkalmazhatóak a térre és időre, az észleléssel kapcsolatos elméletekre is, és így tovább. A kritikai képesség ezen alkalmazásai közül azonban egyik sem tudja megoldani azokat a problémákat, amelyekkel az embernek az élete vagy a következő életei során kell szembesülnie.

Éppen ez az, amiben a nyugati tudomány és a buddhizmus eltér egymástól. Egyetértenek abban, hogy szükségünk van az elmét megművelhetővé és hasznavehetővé tévő eszközök kifejlesztésére, a nyugati tudomány vizsgálódásai azonban nem mennek túl azon a hiedelmen, miszerint az érzékszerveink által felfogott világ valós. E hiedelem miatt a tudomány tanulmányozása nem vezet megszabaduláshoz. A buddhizmus azonban egészen a valóság legalapvetőbb szintjéig hatol, mely valóságot a tudattal kapcsolatban lehet felfedezni, és ennek során valódi megszabadulást tesz lehetővé azoktól a problémáktól, amelyek egy bizonyos fajta valósághoz való ragaszkodásból adódnak.

Egyes nyugati buddhisták igencsak felbuzdultak azokon a tudományos felfedezéseken, melyek szerint az atomok elmosódottak – vagyis hogy végső fokon energiából állnak. A tibeti buddhizmus legnagyobb elméivel is népszerűvé vált szimpóziumokat tartani e tudományos érdeklődésre számot tartó kérdés és egyebek megtárgyalására. Az igazság azonban az, hogy a szilárdság puszta elmosódottsága, amit a nyugati tudomány felfedezett, egyáltalán nem az a valóság, amire a buddhizmus rámutat. A buddhizmus sokkal tovább megy a tudat összpontosító és kritikai készségének alkalmazásában. Oly módon használja azokat, ami túlmutat a rögzültségen, illetve egyáltalán, a rögzített valósághoz való mindenféle ragaszkodáson.

Az itt található tanítás stílusa

A tibeti buddhizmus a Buddha tanításainak egészét tanítja, ami a fent említett szokványos és nem szokványos megközelítéseket is tartalmazza. Egyes tanítók rögtön a nem szokványos szintű, legmagasabb tanításokkal kezdik, és menet közben pótolják be mindazt, ami szükséges a szokványos megközelítésből. Ezt fentről lefelé tartó megközelítésnek nevezik. Mások az alapvető tanításokból indulnak ki, és fokozatosan haladnak a magasabbak felé. Ezt alulról felfelé haladó megközelítésnek nevezik.

E könyv az alulról felfelé tartó megközelítést alkalmazza. A könyv főrésze utasítás sorozat egy szokványos szintű, teljes buddhista meditációs ülés lefolytatásához. A könyv emiatt kiváló kézikönyv azok számára, akik meg szeretnék ismerni a tibeti buddhizmust, és meditálni szeretnének.

Fontos tudni, hogy az alulról felfelé tartó gyakorlási stílus hogyan illeszkedik a tibeti buddista gyakorlatok átfogó rendszerébe. A teljes meditációs üléssel kapcsolatos utasításokat ezért az egész ösvény *Kagyü* tradíció szerinti leírása előzi meg, és a leghaladóbb szintű gyakorlatokba, a Mahámudrába és a Nagy Beteljesedésbe való bevezetés követi. Így tehát e könyv egyrészt kontextusba helyezi az utasításokat, másrészt a teljes meditációs rendszer áttekintéseként is szolgál.

A *lehetőség*

Az ember egészében véve azért veszi magának azt a fáradságot, hogy meditáljon, illetve buddhista útra lépjen, mert megvilágosult belső lényegiséggel rendelkezik. Emiatt világosodhat meg. Először ezt kell megérteni, ezért a könyv első része e megvilágosult lényegiségről és a megvilágosodás ez által adott lehetőségéről szól.

Az eljárás mikéntjének áttekintése

Amikor az ember már érti, hogy ilyen lehetőséggel rendelkezik, egy szellemi ösvény követése válik szükségessé. Máskülönben a megvilágosodás lehetősége csak lehetőség marad. A második rész ezért úgy folytatja az elsőt, hogy áttekinti a megvilágosodáshoz való teljes ösvényt, ahogy általában a tibeti buddhista tradíciókban gyakorolják, a magyarázat azonban a *Kagyü* hagyományból származik. Az összes tibeti buddhista tradíció tantrikus

BEVEZETŐ xv

gyakorlási hagyomány; gyakorolják a Buddha tanításainak mindhárom járművét, de főképpen a Vadzsra Járművet. A teljes ösvényt tehát abból a perspektívából tekintjük át, hogy végső soron a Vadzsra Jármű a főgyakorlat.

Az ösvény ezen áttekintése a három járművön történő utazás egy igen híres összefoglalásához kapcsolódik, melynek címe „Gampópa négy *dharmá*ja". E tanítás Gampópa úrtól, a *Kagyü* hagyomány egyik nagy ősapjától ered.

Ahhoz, hogy az ösvény elméletéből személyes felismerés legyen, gyakorolni kell az ösvényt. Az ösvény gyakorlásának központjában a meditáció áll, ezért az ösvény áttekintésének végén megadjuk Gampópa útmutatásait egy teljes meditációs ülésre vonatkozóan. Ezen útmutatások a könyv fennmaradó részéhez vezetnek, amelyben azt mutatjuk be, hogyan kell lefolytatni egy teljes meditációs ülést.

A teljes meditációs ülés három részből áll

Gampópa egyszer arra utasította egyik fő tanítványát, Phagmó Drukpát, hogy ideje visszavonulnia a hegyekbe, hogy meditációba kezdjen. Akkor azt mondta Phagmó Drukpának, hogy ötrészes meditációs üléseket tartson. Az eszmecsere Gampópa gyűjteményes munkái közt maradt fenn:

> Menj hegyvidéki területekre vagy más olyan helyekre, ahol megszülethet benned a kiábrándulás és fejlődhet a tapasztalás. Ott keltsd fel elmédben a következő gondolatot: Az érzőlények érdekében el fogom érni a buddhaságot. Meditálj a testeden mint istenségen! Meditálj a *guru*don a fejed fölött! Azután anélkül, hogy hagynád, hogy az elméd gondolatok szennyezzék be, az elmét – ami tulaj-

donképpen semmi – semmiképp sem módosítva, helyezkedj a világosság állapotába, amely hamisítatlan, élénken jelenvaló, makulátlanul tiszta és teljesen éber!

Ezen utasítások követésével Phagmó Drupa igen magasrendű felismerésre tett szert, így valamennyi tanítványának továbbadta azokat. Az útmutatások rajtuk keresztül terjedtek tovább szerte a *Kagyü* hagyományokban, s később a *Kagyü* gyakorlási hagyomány fémjelzőivé váltak.

Az ötrészes üléseket eredetileg egy teljes *mahámudrá* meditációs ülés elvégzésének módjaként tanították, így a gyakorlatrendszer egésze az "Ötrészes Mahámudrá" elnevezést kapta. Az öt rész a következő:

- A *bódhicsitta* felkeltése (benne a menedékvétellel)
- Önmagunk istenségként történő vizualizációja
- Könyörgés a *guru*hoz és a vele való egybeolvadás
- A Mahámudrá főgyakorlata
- Felajánlás

A teljes Ötrészes *Mahámudrá* gyakorlatrendszer a *Gampopa's Mahamudra: The Five-Part Mahamudra of the Kagyus*[1] című könyvben olvasható.

A meditációs ülés ezen ötrészes felépítésének az az előnye, hogy egy ilyen ülőgyakorlat a Vadzsra Járművön történő utazás minden összetevőjét tartalmazza; teljes meditációs ülést alkot, ami ennek a könyvnek a témája. Egy ilyen, teljes meditációs ülés egyszerűsített változata három részből áll. Ha elhagyjuk önmagunk istenségként történő vizualizációját, valamint a

---

[1] Írta Tony Duff, Padma Karpo Translation Committee, 2008, ISBN 978-9937-2-0607-5.

*guru*hoz való könyörgést és a vele való egybeolvadást, akkor egy háromrészes gyakorlatot kapunk, amely szintén teljes ülést alkot. Egy ilyenfajta teljes meditációs ülés még mindig a Vadzsra Jármű gyakorlata, mivel a fő gyakorlat a Mahámudrá.

A háromrészes felépítésű főgyakorlat behelyettesíthető egy Nagy Jármű szútra tanításhoz tartozó főgyakorlattal. Ez esetben olyan háromrészes ülés lesz belőle, amely mindenki – akár kezdők – számára is alkalmas. Atísa és az őt követő *Kadampa* rend éppen ezt tanította: egy háromrészes ülést, mint a Nagy Jármű szútra hagyománya szerint folytatott, teljes meditációs ülés módját. A *kadampa* tanítás szerint, a meditációs ülést a Három Ékkőben való menedékvétellel és a helyes indíték felkeltésével kell kezdeni. A Nagy Jármű tanításai szerint az indíték mindig az összes érzőlény javára történő megvilágosodás szándéka, az úgynevezett *bódhicsitta* kell, hogy legyen. Ezen előkészületek után az ember elvégzi a fő gyakolatot, ami nem más, mint a Nagy Jármű szerinti meditáció az üreségen. Azt követően az ülést felajánlás zárja le. E *kadampa* utasítások beépültek a *Kagyü* hagyományvonalba, miután Gampópa összedolgozta a *kadampá*k szútra- és a *kagyü*k tantra-utasításait.

Így hát e könyv főrészében azt írjuk le részletesen, hogyan kell lefolytatni egy teljes meditációs ülést a szútra-szintű tanítások szerinti háromrészes megközelítés alkalmazásával. E gyakorlási szint mindenki számára alkalmas.

Az elme lecsillapítása és a valóságba történő betekintés kettős gyakorlata

Egy teljes meditációs ülés az előkészületekkel kezdődik, van egy főrésze, s egy lezárással végződik. Jelen esetben a tudat lecsillapításának és az alapvető valóságba történő betekintés kifejlesztésének kombinált gyakorlatát tanítjuk főrészként. Amikor a buddhizmusban alapvető valóságról beszélnek, az összes dolog „ürességét" értik alatta. Mi ez az üresség, és miért olyan fontos?

Felszínes tudatunk, melyet a legtöbb ember rendes körülmények között a saját elméjének gondol, valójában hibás. Hibás megismerési folyamat, mert egy alapvető tévedésből fakad. Az alapvető hiba az, hogy elménk rögzített mibenlétet tulajdonít mindennek, amivel kapcsolatba kerül. A helyzet valójában az, hogy e megszilárdított dolgok csak úgy léteznek, mint e hiba találmányai. A valóság végső soron híján van e találmányoknak. Ahogy a buddhista tradícióban mondják: minden, amit észlelünk, üres. Nincs ott, s e hiányt magát nevezik ürességnek.

A Kisebb Jármű egyik jól ismert tanítása kimondja, hogy egyetlen adott dolognak – *dharmá*nak vagy jelenségnek – sincs „önléte", rögzített mibenléte. Ez a Kisebb Jármű „nem-énről" szóló tanításához tartozik. E tanítás a racionális elméből indul ki. A dualisztikus elmét nevezik így, mivel mindig „rációkat" (arányokat) alkot „ez" és „az" között; mindig két dolgot állít egymással szembe ahhoz, hogy észlelései lehessenek. E tanítás továbbá azt is kijelenti, hogy a racionális elme három könnyen észrevehető hibát vét. Először is állandó létezőknek látja a dolgokat, holott azok valójában állandótlanok. Másodszor, egységnek látja a dolgokat, holott azok sokaságok. Harmadszor, független létezőknek tekinti azokat, holott azok valójában kölcsönösen egymástól függő események.

A Buddha arra hívta fel a figyelmet, hogy normális, racionális elme-alapú észlelésünk termékeit mindig a fent említett módokon tapasztaljuk. Automatikusan, minden gondolkodás nélkül olyanoknak látjuk őket. Ha elgondolkodunk rajtuk, és kritikai képességünket – a fent említett *pradnyá*t – alkalmazzuk, hogy később megvizsgáljuk azokat, akkor rájövünk, hogy a dolgok nem úgy vannak, ahogy a közvetlen tapasztalásunk sugallja. A Buddha ezért e három hibát, melyet a racionális elme vét, kiindulópontként használta annak bemutatására, hogy az általunk hétköznapilag tapasztalt jelenségek nem úgy lézetnek, ahogyan látszólag vannak. E téves jelenségek, melyek a racionális elme projekciói, egyszerűen nem léteznek oly módon, ahogy számunkra megjelennek. Megjelenésük pusztán a dolgok valódi létmódjával kapcsolatos zavarodottságunkból fakad.

Ha az ember belelát a racionális elme téves észlelési folyamataiba, akkor felismeri, hogy a látszatjelenségek valójában nem léteznek. Ezek hiányát nevezik „ürességnek". Az üresség itt azt jelenti, hogy a valóság üres, vagyis híján van az általunk valósnak tapasztalt jelenségeknek. Észlelésünk azt sugallja, hogy a dolgok szilárdan állandóak, hogy egy darabból állnak, s hogy önmagukban, minden mástól függetlenül léteznek. Racionális elménk minden egyes jelenséget százszázalékosan igazinak és valódinak tüntet fel előttünk, és azt hisszük, hogy így vannak a dolgok. Indiában „valós létezésnek" nevezték a racionális elme e találmányát. A valós létezés csak az értelem találmánya; a szokványos működése során használt eszközkészlet. A jelenségek a valóságban nem léteznek olyan módon, ahogyan a racionális elme sugallja. E valós létezés hiányát éppen ezért „nem-valós létezésnek", „a valós létezés hiányának", „a valós létezés nemlétének" hívják. Épp a valós létezés hiánya az, amire az „üresség" kifejezés utal.

Amikor az ember észreveszi, hogy rosszul látja a dolgokat, felébred benne a kíváncsiság, hogy miként is vannak azok valójában. Például, ha valaki azt mondja nekünk, hogy elménk tévesen tekinti állandónak a dolgokat, akkor ennek utánajárunk, s rájövünk, hogy azok tényleg állandótlanok. Hasonló folyamat játszódik le az egység és a függetlenség téves tapasztalásával kapcsolatban is. Ha az ember elég szerencsés ahhoz, hogy valaki megmondja neki, hogyan kutasson még tovább, akkor felfedezheti, hogy semmi sem létezik valóságosan. E mindent magába foglaló felfedezés képes megszabadítani az embert az egész hibás tudatfolyamattól, valamint az abból fakadó, általánosan elégtelen létezéstől, amelyet esetleg amiatt folytat. Az elme téves észleléseiről szóló tanításból így végül is nem lesz más, mint a megszabadulás bejárata.

Tony Duff,
Padma Karpo Translation Committee,
Swayambunath, Nepál
2015 február

I. RÉSZ

Lehetőségek

Az ember megvilágosult magva

Azt az embert, akinek a elméje fejletlen szellemileg, egy szertelen majomhoz lehet hasonlítani. A majom sosem képes egy helyben ülni: amikor semmivel sem tudja elfoglalni magát, abban a pillanatban kitalál valami szórakozást. A majom elméje annyira nyugtalan, hogy örökös elfoglaltságával még akkor is bajt okoz, amikor semmi baj sincs. A majmok egyfolytában rosszalkodnak és rendetlenkednek. Ha egy majmot bezárnánk egy buddhista templomba, ide-oda vonszolná a teremben lévő ülőpárnákat, leráncigálná a falakról a szent festményeket, és így tovább. Egyszer csak találna valahol egy nyugvóhelyet, de ahogy ott ülne, egyszer csak megszomjazna, és meginná a vizet az oltáron lévő edényekből. Azután megéhezne, ezért felkelne és megenné az ott elhelyezett felajánlásokat. Ily módon egyfolytában elfoglalná magát valamivel, hogy mindig elégedett legyen, de eközben rengeteg bajt okozna. A közönséges ember elméje, mely állandóan ugrabugrál, mint a majom, szintén rengeteg bajt és nehézséget okoz az embernek. Az átlagember léte emiatt nem túl kielégítő.

Létezik-e valódi megbékélés az átlagember számára, és ha igen, akkor hol található? A megbékélés, a valódi béke, mely egyfajta végső megnyugvás, fellelhető. Az egyetlen hely, ahol meg lehet azt találni, a bajok gyökerével, vagyis a tudattal kapcsolatos.

Mindenki igyekszik tartós boldogságra lelni, de az emberek többsége a tudaton kívül keresi azt. Például, vannak emberek, akik igen vagyonosak és híresek. Első látásra úgy tűnik, mintha jó lenne a helyzetük, s emiatt boldogok lennének. Amikor azonban valaki beszélgetni kezd velük, akkor különféle problémákról számolnak be. Egyesek egyenesen azt állítják, hogy rengeteg a problémájuk. Sok ilyen emberrel – például filmcsillaggal – találkoztam.

Az összes boldogság és boldogtalanság az elmében gyökerezik. Ha az ember képes boldogságra lelni a saját elméjével kapcsolatban, azzal jelenlegi általános élethelyzetén is sokat javít, későbbi életeire is jó hatással lesz, s ráadásul még a megnyugvás véső állapotához, a buddhasághoz is közelebb kerül. Így tehát mindenképpen az elmére alapozva kell megbékéléshez jutnunk.

Ez felveti a kérdést: valóban van lelki békénk, ami hozzátartozik a természetünkhöz? A válasz: igen, mert az ember alapvető természete az, amit „teljes tisztaságnak" neveznek. Ez egyfajta tisztaság, avagy alapvető jóság. Minden érzőlény – vagyis minden, tudatos lény – lénye legbelsejében rendelkezik e tisztasággal, mely alapvető jóság.

Ez felveti a kérdést: Ha megvan bennem ez az igen különleges minőség, akkor miért nem mindig kielégítő a tapasztalásom? Miért van bennem kielégítetlenség?[2] Miért vannak gondjaim? Miért vagyok a létezés ördögi körébe ragadva? Erre az a magyarázat, hogy még nem ismerted fel e teljes tisztaságot, az alapvető jóságot, mely a saját lényeged. Ez a baj.

---

[2] A „kielégítetlenség" és a többi szakkifejezés magyarázatát lásd a glosszáriumban!

Benned és az összes többi lényben is megvan e jófajta lényegiség, mely ugyanaz, mint a buddhák lényegi magva. E lehetőségből olyan megnyugvást lelhet kialakítani, amely a buddhák sajátossága. Nem elég azonban rendelkezni e lehetőséggel, hanem ki is kell azt használni, és teljes mértékben kifejezésre juttatni. Ehhez azonban először fel kell ismerned e lényegiséget. Azután, e felismerésből kiindulva, meditációt kell gyakorolnod. Az ilyesfajta meditáció által buddha válhat belőled, ami az ösvény gyümölcse.

A közönséges emberek nem ismerik a tudat lényegét, és emiatt nem haladnak szellemileg. Ha felismernék azt, akkor egészen a megvilágosodásig tarthatna a szellemi fejlődésük. A fel nem ismerés és a szellemi fejlődést eredményező felismerés kétfajta állapotát egy karóra hasonlatával lehet megvilágítani. E hasonlat szerint van egy kitűnő karórád – gyémántból és platinából készült, és mindig tökéletesen pontos –, és nálad van a nap huszonnégy órájában. Az óra értéke abban áll, hogy megmutatja, mennyi az idő. Te azonban nem tudod, hogy van egy ilyen órád. Mindig ott van, bármikor megnézhetnéd, de mivel nem tudsz róla, nem tudsz ránézni sem. Mivel nem tudsz ránézni, nem tudja megmutatni neked az időt, és nem tudod az idő megállapítására használni azt. Röviden, nincs hasznod belőle, mivel fogalmad sincs arról, hogy van egy ilyen órád. Egyszer csak egy jó barátod, egy segítőkész barát, odamegy hozzád, és azt mondja: Ugye, nem tudod, mennyi az idő a karórád szerint? Van egy karórád, mindig mutatja az időt, de nincs hasznod belőle! Én azonban tudom, hogyan kell megnézni egy órát és megállapítani rajta az időt, és meg is mutatom neked, hogyan tedd!" Barátod segítségével először felismered, hogy tényleg van karórád, azután fokozatosan azt is megtanulod, hogyan kell ránézni. Végül képes leszel használni a saját karórád, hogy megállapítsd rajta az időt, ahogy rápillantasz. Ekkorra már nem csak tudod, hogy van egy karórád, hanem azzal is tökéletesen tisztában vagy, hogyan kell ránézni, és hasznát venni.

E hasonlatban a karóra annak a lényegi tisztaságnak felel meg, ami a lényegünk. A buddhizmusban *szugatagarbhá*nak[3] nevezik e lényegiséget. *Szugatagarbhá*nk igen becses dolog, mint egy értékes karóra. Azért értékes, mert ha felismerjük és teljes mértékben hasznát vesszük, akkor mindent tökéletesen tudhatunk; mint egy jó óra, amely tökéletesen mutatja az időt. Jelenleg azonban nem tudsz a saját valóságodról, a *szugatagarbhá*ról, amely állandóan veled van; mintha elfelejtetted volna, hogy a nap huszonnégy órájában nálad van egy pontos karóra. Mivel nem tudsz róla, nem veheted hasznát az értékének. Viszont megtörténhet, hogy valaki megmutatja azt neked, és felismerteti veled. Ahogy a segítőtársad is oly módon mutatta meg neked a rajtad lévő karórát, hogy felismerd azt, úgy valaki a saját *szugatagarbhá*d is megmutathatná neked oly módon, hogy képes lennél felismerni. Aki meg tudja mutatni neked, az a mestereddé (*guru*ddá) válik. Azt mondja neked: „lényegiséged a teljes tisztaság" és bemutatja neked saját tudatod valóságát.

Továbbá, amikor valaki először mutatja meg neked, hogy van egy karórád, akkor már tudod, hogy nálad van, de mégsem olyan könnyű az idő megállapítására használnod. Ha azonban fokozatosan megtanulod a használatát, akkor meg fogod érteni, hogyan használhatod, és végül mindig azonnal meg tudod mondani a pontos időt. Hasonlóképpen, mivel elsősorban a *guru*d mutatja meg neked a saját valóságod, fel is ismered azt. Olyankor azonban még nehéz elérni, hogy állandóan megnyilvánuljon. Ha azonban fokozatosan egyre több tapasztalatot szerzel benne, az egyre inkább kifejezésre jut benned. Végül,

---

[3] Lásd a glosszáriumban!

amikor e valóság teljes mértékben megnyilvánul, az a buddha mindentudó tudata.

Van itt még egy fontos dolog. Az ember egyszer csak felfogja, hogy van karórája, és azt is tudja, hogyan kell rajta megállapítani az időt. Ez azonban nem a karórában létrejött változás miatt történt; az óra ugyanolyan, mint amilyen korábban volt. Maga az ember ismerte fel, hogy van karórája, és azután megtanulta használni. A kétféle helyzet között az a különbség, hogy először nem ismerte fel, hogy van karórája, később pedig felismerte azt. Hasonlóképpen, miközben az ember végighalad a buddhista ösvényen, és végül buddha lesz belőle, a tudat lényege nem változik; az változik, hogy milyen mértékben ismeri fel azt. Kezdetben nem ismeri fel, hogy birtokában van a *szugatagarbha*. Azután valaki felismerteti vele egy pillanatra. Ezután elvégzi a feladatot, követi az ösvényt: a meditáció gyakorlása által egyre többet távolít el abból a tudati homályból, amely a korábban a *szugatagarbhá*t beborította. Mindeközben az egyre nyilvánvalóbb módon tárul fel és lesz jelen a lényében. Amikor teljesen felfedi, akkor teljes mértékben megnyilvánul, és ez a buddhaság. Amikor ez bekövetkezik, mindazok a kiválóságok, melyek kezdetben mélyen el voltak rejtve, teljes működésbe lépnek; mint amikor a karóra maradéktalanul hasznossá válik, miután az ember megtanulta annak használatát. Abban a pillanatban, mint egy buddhának, egy megvilágosodott lény összes kiválósága az ember rendelkezésére áll, teljesen működőképes módon.

Miért érdemes felismerned a saját, tiszta természeted, majd meditálnod rajta? Mivel az a saját léted alapja vagy talaja, annak megértése nélkül a meditáció végső soron nem vezethet eredményre. Ha az ember ennek megfelelő megértése nélkül meditál, annak is lehet némi ideiglenes hatása – az ember egy kicsit boldogabb vagy nyugodtabb lesz tőle, és így tovább, de nem vezethet végső megnyugváshoz, boldogsághoz, illetve a megvilágosodás egyéb minőségeihez. Így tehát, a buddhista gyakorlás legelső lépése saját létünk alapjának, talajának megértése. Létünk talaja nem más, mint e tiszta esszencia, a *szugatagarbha*. Jóllehet, jelenleg el van takarva előled, de felismerheted, majd eltávolíthatod mindazt, ami eltakarja. Eközben a végső megnyugvás lehetőségével rendelkező lényből olyasvalakivé változol, aki maga a végső megnyugvás, valamint aki állandóan a lehető legeredményesebb formákban mások javára munkálkodik.

Összegezve: az ember először felismeri a saját *szugatagarbhá*ját, majd arra alapozva igyekszik tapasztalatot szerezni benne, s végül el is éri egy buddha rangját. A buddhizmusban ezt úgy szokták megfogalmazni, hogy az ember először felismeri a saját alapját, azután az ösvény követésével egyre inkább megnyilvánvítja azt, és ezt addig folytatja, amig az teljes mértékben meg nem nyilvánul. Ez az ösvény végpontja és gyümölcse, ami nem más, mint a buddhaság.

MIT MONDANAK A NAGYSZERŰ LÉNYEK AZ EMBER MEGVILÁGOSULT MAGVÁRÓL

A lét megvilágosult magva, melyről az előző fejezetben beszéltünk, az ok, amiért az ember egyáltalán veszi magának a fáradságot, hogy szellemi útra lépjen. Ezért a meditációval foglalkozó buddhista könyvek nagy része ennek tárgyalásával kezdődik. Általában azokra a példákra és hasonlatokra támaszkodnak, amelyeket eredetileg maga a Buddha adott, illetve nagy követői – például egyik fő tanítványa, Maitréja, aki a következő buddha lesz. Az előző fejezetben szereplő magyarázat, amely egy igen drága karóra hasonlatát alkalmazta, voltaképpen szintén az egyik eredeti hasonlat, modernizált változatban.

Melyek e példák és hasonlatok? Mit mondtak pontosan Buddha és nagy tanítványai – például Maitréja – a lét megvilágosult magváról? Erre gondolt a 14. századi Dolpópa Serab Gyalcen, amikor éppen e kérdéseket vetette fel és válaszolta meg híres *Hegyi Dharma: A végső értelmű jelentés óceánja* című könyvének elején. A Buddha egyik magyarázatának részletes kifejtésével kezdi, hogy a lehető legvilágosabbá tegye annak jelentését, majd a Buddhától és a buddhista hagyomány más nagy képviselőitől származó idézetek sokaságával folytatja. A szöveg e nyitószakaszából, szándékához híven, igen világosan kiderül, mit mondott a Buddha a lét megvilágosult magváról, és milyen hasonlatokat használt annak magyarázatára. Így hát közöljük annak fordítását, Dolpópa Szerab Gyalcen szól hozzánk ...

Legelőször, tehát, a következőket kell megérteni: Egy szegény ember házában, a padló alatt, egy becses dolgokból álló, hatalmas kincs található. Azonban hét ember mélységű föld- és kőréteg takarja el, úgyhogy a szegény ember nem látja, nem is tud róla, és mivel nem fér hozzá, elégedetlen állapotában marad. Hasonlóképp, a tündöklés-*dharmakája* kiválóságainak hatalmas kincse mindig jelen van bennünk és mindenki másban, ám mivel járulékos szennyeződések takarják el, mindezen lények nem látják, nem tudnak róla, s így, mivel nem férnek hozzá, örökké elégedetlen állapotukban maradnak.

Ők, bárkik is legyenek azok, a szent *guru* különleges, sajátos szövegeken és tökéletes érveken alapuló, szóbeli utasításai által megértik magukban, mit kell elérniük és mit abbahagyniuk. Megfeleltethető ez annak, ahogy az isteni szemmel bíró lények ékesen szólnak a kincsről, melynek tulajdoníthatóan a lények megtudják, hogy a nagyszerű kincset meg lehet szerezni, s hogy az azt elfedő földtől és kövektől meg kell szabadulni. Ha e tudás nem tiszta, akkor nem szerzik meg a kincset, ám pusztán azáltal, hogy tiszta, azt is tudják, hogyan szerezzék meg — ez a *Dharmá*nak felel meg. Miután a dolgot ekképpen megértik,

AZ EMBER MEGVILÁGOSULT MAGVÁRÓL   11

annak tapasztalatát is meg kell szerezniük, vagyis a járulékos szennyeződések teljességének eltávolítása végett kitartást tanúsítanak a tökéletesen tiszta bölcsesség és annak velejárói összegyűjtésében — ami a hét ember mélységű föld- és kőréteg eltávolításának felel meg. Tapasztalataik révén eljutnak ama nagy kincshez, ami a végeredmény: a kifolyások[4] által be nem fedett *dharmakája*, valamint az attól elválaszthatatlan minőségek — ami a becses dolgokból álló kincs gondos megszerzésének felel meg.[5]

E ponton valaki azt kérdezheti: Honnan tudunk ezen dolgokról? A buddháktól és bódhiszatváktól tudunk ezekről, akik ékesen beszéltek róluk. Ahogy a *Tathágatagarbha szútrá*ban[6] elhangzik:

> Család fiai, továbbá a következőképpen van ez:
> Hogy egy hasonlatot hozzunk; egy szegény ember házában, a padló alatt, hét ember mélységű földtakaró alatt, egy értékes dolgokkal és arannyal teli, hatalmas kincstár található. A nagy kincs nem mondja a szegény embernek: „Hé, itt vagyok: egy föld által eltakart, hatalmas kincstár" — mivel a nagy kincs, lévén maga a tudat lényege, nem tudattal rendelkező személy. A szegény ember, a ház tulajdonosa, szegény emberhez illően gondolkodik, s ráadásul nincs oka azt hinni, hogy egy kincstár tetején lakik, így a földben alatta lévő, hatalmas kincsről nem hallott; arról nem tud, s nem is látta azt.

---

[4] Lásd a glosszáriumban!

[5] Az isteni szem az ötféle szem – vagyis a Buddha öt rendkívüli látóképességének – egyike. Az isteni szem a föld alatt látás képességét is magában foglalja.

[6] ...a Buddha saját szájából ...

Család fiai, hasonlóképpen; a minden érzőlény kettős tudatában meglévő, erőteljes kötődések alatt — melyek a házhoz hasonlítanak — megtalálható a *tathágatagarbha* kincstárának hatalmas kincse az erősségekkel, a félelemtől való mentességekkel, a vegyületlen kiválóságokkal, és az összes többi buddha *dharmá*val együtt. Az érzőlények azonban a látható formákhoz, hangokhoz, szagokhoz, ízekhez, és tapintásokhoz való ragaszkodásuk miatt előnytelen helyzetben vannak, és a körkörös létezésben keringnek. Miután még nem hallottak a Dharma hatalmas kincséről, nem szerezték meg azt, és nem tesznek erőfeszítést annak érdekében, hogy teljesen megtisztítsák magukat.

Család fiai! Aztán a *tathágaták* megjelennek e világban, s teljes mértékben, hitelesen hirdetik a Dharma e hatalmas kincsét a bódhiszatvák között. Azok szintén afelé tájolják be maguk, majd ásni kezdenek a Dharma hatalmas kincséért, és így e világban azokká válnak, akiket „*tathágatá*nak, *arhat*nak, igazán teljes buddháknak" neveznek. Miután a Dharma hatalmas kincsének hasonmásaivá lettek, a buddha erősségeinek, félelemtől való mentességeinek és számos egyéb *dharmájá*nak kincstáraivá váltak, és ők a hatalmas kincs kincstárának őrzői, akik ragaszkodásmentes magabiztosságuk miatt a korábban rendelkezésre nem álló érvelések, példák, tevékenységet alátámasztó érvek és tevékenységek tanítóivá válnak az érzőlények számára.

Család gyermekei! Továbbá az ilyen *tathágata*, *arhat*, igazán teljes buddhák, akik egy *tathágata* teljesen megtisztult szemén keresztül minden egyes érzőlényt ekképp szemlélnek, a *tathágata* bölcsességéből, erősségeiből és vegyületlen buddha *dharmáiból* álló kincstárjaik alapos megtisztítása végett tanítják a Dharmát a bódhiszatváknak.

Valamint, ahogy a *Legmagasabb folytonosság kommentár*ban[7] áll:

> A gyötrelmek mélyén, melyek a föld felszínéhez
> hasonlítanak,
> Mint egy értékes dolgokból álló kincs, a *tathágata*
> eleme lapul,
> Mint ahogy a szegény ember háza alatti földben
> Kimeríthetetlen kincstár rejtőzött.
> A férfi nem tudott róla, s a kincs sem mondta neki:
> itt vagyok.
> Ugyanígy, a tudat benső lényege értékes kincs,
> A makulátlan, meg nem tisztítandó *dharmatá*[8],
> Ám mivel nem ismerik fel azt, az ínségből fakadó
> kielégítetlenség
> Állandóan és folyamatosan sújtja a kilencféle lényt.[9]

Ugyanúgy, ahogy a szegény ember házában egy benső, értékes kincs lapult, amelyről a szegény ember nem tudott, mivel az nem mondta meg neki: „én, az értékes kincs, itt vagyok", az érző-

---

[7] A szerző most a bódhiszatvák műveiből idéz. A *Legmagasabb folytonosság* egy tizedik bódhiszatva szinten tartózkodó mester, Maitréja tanítása. A tanítást Aszanga bódhiszatva kapta, aki terjedelmes kommentárt írt hozzá. Az idézet ebből származik.

[8] „Meg nem tisztítandó" azt jelenti, hogy a *dharmatá* vagy valóság önmagában tiszta, ezért nem kell megtisztítani, csak azon járulékos dolgokat kell eltávolítani róla, melyek eltakarják.

[9] A „kilencféle lény" az összes érzőlényre vonatkozik. A három – vágy, forma és formanélküli – birodalom mindegyikének három lakhelyén élő lényeket jelenti.

lények tudati házukban rendelkeznek a Dharma kincsével, ám a szegény emberhez hasonlóan nem tudnak róla. Ám hogy mégis hozzájuthassanak, a *risi*[10] hiteles születést nyert e földön.

Továbbá, mit mond erről és az ezzel kapcsolatos dolgokról a Magasztos a *Maháparinirvána-szútrá*ban? A Dévacsandra által fordított változatban ez áll:[11]

> Az „önvaló" a *tathágatagarbhá*t jelenti. A buddha-elem tényleg létezik minden érzőlényben, ám a gyötrelmek felszíni látszatai elhomályosítják. Az érzőlények nem látják azt, holott bennük rejlik. A következőképpen van ez. Hogy egy példát mondjak, egy nagyvárosban, egy szegény ember házában, egy aranykincs lapul, de senki nem tud róla. A házban egy szegény asszony lakik, de ő sem tudja, hogy a ház alatt a földben kincs rejtezik. Egy férfi, aki tudja, hogyan kell segíteni, így szól az asszonyhoz: „Házadban kincs rejtezik, de mivel még te magad sem tudtál róla, honnan tudhatná bárki más, hogy hol kell keresni?" Azt tanácsolja, keresse maga, majd ezt követően az asszony ásni kezd a házban a kincs után, és felfedezi azt. Miután megpillantja, elámul, és menedéket vesz az emberben.

---

[10] A *„risi"* ez esetben a Buddhára vonatkozik.

[11] A *Maháparinirvána-szútra* a Buddha eltávozását — úgynevezett *parinirváná*ját — közvetlenül megelőző eseményeket beszéli el, és az akkor adott tanításait – köztük a *tathágatagarbhá*ról adott tanítást – is tartalmazza. A tibeti szentiratok közt a szútra szanszkrit és kínai forrásból származó fordítása is megtalálható, mely utóbbit Dolpópa következőként idézi. Mindkét nyelvből származó fordításokat közöl, hogy ezzel is bizonyítsa: minden állítását szövegtekintély támaszt alá.

Hasonlóképpen, család fia, a *tathágatagarbha* jelen van az érzőlényekben, csak egyszerűen képtelenek észrevenni, mint a szegény asszony a kincset.

Család fiai, most pedig teljes mértékben kihangsúlyozom, hogy minden érzőlénynek *tathágatagarbhá*ja van. Ahogy a szegény asszony nem tudott róla, de megmondták neki, hogy nagy kincse van; az összes érzőlény rendelkezik a *tathágata-garbhá*val, ám mivel a gyötrelmek felületességei elhomályosítják, nem tudnak róla, nem látják azt. A *tathágaták* ezért megmondják, megtanítják nekik, ők pedig boldogan vesznek menedéket a *tathágaták*ban, és így tovább.

Hasonlóképpen, a kínaiból fordított *Maháparinirvána-szútrá*ban szintén számos hasonlatot találhatunk:

Család gyermeke, ezt is kijelentem: Az érzőlények buddhatermészettel rendelkeznek, ennek hasonlatai pedig az értékes dolgokból álló kincs a szegény asszony házában; a vadzsra-ékkő, amely a hatalmas erő homlokdísze; valamint a *csakravartin* király nektárforrásai...

és így tovább. *A diszkurzív gondolkodás nem működéséhez vezető dháraní*ban szintén ez áll:[12]

---

[12] Skt. *Nirvikalpávatara dháraní*. Tib. *rnam par mi rtog pa la 'jug pa'i gzungs*. A "diszkurzív gondolkodás nem működése" kifejezés a *tathágatagarbhá*ra vonatkozik. A diszkurzív gondolkodás a dualisztikus tudatot fémjelzi, amely elfedi a *tathágatagarbhá*t. Magában a *tathágatagarbhá*ban nem működik kettős tudat; az csak olyasvalami, ami eltakarja. E beszédében ezért a Buddha a *tathágatagarbha* megfelelőjeként használta a "diszkurzív gondolkodás nem működése" kifejezést. Ezt követően láthatjuk majd, hogyan.

Család gyermekei, a következőképp van ez. Példának okáért egy nagy kőszikla alatt különféle, nagyméretű, értékes, kívánságteljesítő drágakövek vannak, mind tündöklők; e hatalmas kincs tetején pedig drága ezüst, drága arany és drága gyémánt különböző rétegei találhatók. Eztán megérkezik néhány ember, aki a nagy kincsekre vágyik, és egy látnoki képességekkel rendelkező személy így szól hozzájuk: „Hé, emberek! Amott, a nagy kőszikla alatt, tündöklő drágaságokkal teli, hatalmas kincs található, legalul pedig egy kívánságteljesítő drágakövekből álló értékes kincs rejlik. Azonban amikor ásni kezdtek, először csak követ találtok, ezért ássatok tovább! Ha tovább ástok, ezüstnek tűnő kövek tűnnek fel, de ezeket ne tekintsétek a nagy kincsnek, hanem csak értsétek meg, és ássatok tovább! Ha még tovább ástok, aranynak tűnő kövek kerülnek elő, de azokat se tekintsétek a hatalmas kincsnek, hanem megint csak értsétek meg, és ássatok tovább! Ha még tovább ástok, különféle drágaságoknak tűnő kövekre bukkantok, de azokat se tekintsétek a hatalmas kincsnek, hanem megint csak értsétek meg, és ássatok tovább! Ó, emberek! Ha mindezt megtettétek, akkor anélkül, hogy további erőfeszítést kellene tanúsítanotok, megpillantjátok a becses kívánságteljesítő drágakövek hatalmas kincsét. Ha ráleltek a becses kívánságteljesítő drágakövek hatalmas kincsére, óriási kincsekkel fogtok gazdagodni, s emiatt minden, amire szükségetek van, rendelkezésetekre áll majd; hatalmatokban áll majd önmagatok és mások hasznára válni vele.

Család gyermekei! Hogy megértsétek, mit jelent mindaz, amit az imént mondtam, kifejtem e hasonlatok jelentését. A kemény kőszikla a teljes gyötrelemként megjelenő formálóerők[13] megfelelő hasonlata. A becses kívánságteljesítő drágakövek hatalmas, legalul lévő kincsének hasonlata ama térre vonatkozik, melyben nem működik a diszkurzív gondolkodás. A becses kívánságteljesítő drágakövekre vágyó emberek hasonlata a *bódhiszatva mahászatvá*kra vontakozik[14]. A látnoki képességekkel rendelkező személy hasonlata a *tathágata, arhat*, igazán teljes buddhára vonatkozik. A kő hasonlata a dolgok természetét szavakba foglaló fogalmakra vonatkozik. Az „ássatok tovább" a tudatműködés felfüggesztésére utaló felszólítás[15]. Az ezüstnek tűnő kövek hasonlata a diszkurzív gondolkodás ellenszerre irányuló fogalmaira vonatkozik. Az aranynak látszó kövek hasonlata a diszkurzív gondolkodás ürességre és hasonlókra irányuló fogalmaira vonatkozik. A különféle drágaságoknak tűnő kövek hasonlata a megvalósításra irányuló diszkurzív gondolkodás fogalmaira vonatkozik. A becses kívánságteljesítő drágakövekből álló, hatalmas kincs megtalálásának hasonlata azon

---

[13] A formálóerőket lásd a glosszáriumban! A „teljes gyötrelem" kifejezés a *szamszára* állapotára vonatkozik; ellentéte a „teljes megtisztulás", vagyis a *nirvána* állapota. Más szóval, a kemény kőszikla a gyötrelmek metaforája, melyek maguk okozzák az új születések folyamatos megformálódását a szamszárikus tapasztalás gyötrelmei között.

[14] A *bódhiszatva mahászatva* itt általában „a nagy lényekre, a bódhiszatvákra" vonatkozik.

[15] A tudatműködés a közönséges, dualisztikus tudat működése.

dhátu[16] felfedezésére vonatkozik, melyben a diszkurzív gondolkodás nem működik.

Család gyermekei! E fenti, megfelelő hasonlatok alapján az ember fokozatosan megértheti, hogyan lehet belépni ama *dhátu*ba, melyben a diszkurzív gondolkodás nem működik ...

és így tovább, részletesen szól minderről. E becses és terjedelmes szövegeket, melyek a szútra gyűjteményben szerepelnek, valamint a mondanivalójukhoz fűzött, mélységes kommentárokat egyaránt feltétlenül tanulmányozni kell.

Az eddigiekben Dolpópa Serab Gyalcen azt az alapvető elképzelést mutatta be, hogy minden lényben jelen van a megvilágosult tudat magva. Innen kezdve a tárgyalás következő szintjére vált, melyen a megvilágosult lényegiségnek két aspektusa van. Az első az, hogy a lények, lényük legbelsejében, rendelkeznek eme alapvető valósággal. Ezt az alapvető valóságot *dharmatá*nak nevezik, ami szó szerint a dolgok „vanság"-át jelenti: azt, ahogyan azok belülről vannak. A *tathágatagarbha* ennek megfelelő aspektusát „természetes" típusnak nevezik. Ez a természetünk, tehát rendelkezésünkre áll. Ezt alapul véve, kiváló szellemi tulajdonságokat fejleszthetünk ki mások megsegítésére. Ezért a *tathágatagarbhá*nak egy második típusát, az úgynevezett „kifejlődő" típust is meg szokták különböztetni. Ez egy nagyszerű lény kiváló szellemi tulajdonságainak gyakorlás általi kifejlesztésére vonatkozik. E szellemi minőségek nem tartoznak hozzá természetünkhöz, hanem tennünk kell valamit

---

[16] A *dhátu a tathágatagarbha* egyik elnevezése.

azért, hogy kifejlődjenek bennünk. Dolpópa Serab Gyalcen így folytatja ...

A diszkurzív gondolkodás nem működésének *dharmatá*ja és a tündöklés-*dhátu* a természetes származás[17]. Ennek függvényében létezik a kifejlődő származás: az ember elveti és ápolja a megszabadulás magvát, és az abból származó különleges erényt gondosan befogadja[18]. Ez hozza létre a *tathágata* forma *kájá*it,[19] ami olyan, mint a magból eredő, kiváló fa létrejötte.

Ebből következően a kétfajta származás lesz az alap, melyeken a bölcsesség- és érdemfelhalmozásokat gyakorolhatjuk, és ezáltal szerezzük meg a gyümölcsöt, melynek két aspektusa a

---

[17] Ez azt jelenti, hogy amikor a diszkurzív gondolkodás, valamint az azt okozó tudatlanság nem működik, akkor csak a tudat alapvető természete marad. Ez az alapvető valóság egyrészt tündöklő – ami nem azt jelenti, hogy valamifajta fény, hanem azt, hogy tudatos –, másrészt pedig ez a *dharmadhátu*, melynek alapján és amelynek belsejében bármi megjelenhet, illetve minden megjelenik.

[18] Ez azt jelenti, hogy az ember megfelelően elsajátítja a Nagy Jármű kölönleges erényét, szemben az erény valamely más formájával.

[19] Lásd *kája* címszó alatt a glosszáriumban!

dharmakája és a forma *kája*.²⁰ Ahogy *A Nagy Jármű legmagasabb folytonosságá*ban áll:

> Mint egy kincset és kifejlődő fát,
> Olyannak kell tudni a kétféle származást—
> A kezdetnélküli természet meglétét,
> És a hiteles befogadás kiválóságát.
>
> Azt mondják, e két származásból alakul ki
> A buddha három *kájá*ja;
> Az elsőből az első *kája*,
> A másodikból pedig a másik kettő.

*A Nagy Jármű szútráinak ékességé*ben, a Nagy Jármű egyik szövegében, szintén ez áll:

> "Természetes és kifejlődő,
> Avagy támasz és támasztott,
> Létező és nemlétező ..." — mondták;
> Ez mindkettőt összegzi.

---

²⁰ A "származás" és a "család" két kulcsfogalom, melyet a *tathágatagarbha* tárgyalása során használnak. Épp ahogy az embernek megvan a családi származása, és emiatt a fejlődésnek genetikailag meghatározott lehetőségeivel rendelkezik, ugyanúgy a *tathágatagarbha* családja és származása, valamint az azzal járó fejlődési lehetőségek is rendelkezésére állnak. A szövegben szereplő magyarázat szerint az ember természetes származása – az, hogy osztozik a valóságban – teszi lehetővé a buddha valóság-aspektusa – a *dharmakája* – kifejlesztését; a rendelkezésére álló "kifejlődő származás" pedig – vagyis az, hogy a valóság természete alapján szellemi kiválóságot halmoz fel – a buddha azon, megnyilvánult aspektusainak kifejlesztését teszi lehetővé, amelyek az érzőlényekért munkálkodnak.

AZ EMBER MEGVILÁGOSULT MAGVÁRÓL

Ez felveti azt az igen fontos kérdést, hogy vajon a szellemi ösvényen külön feladatként kell-e kifejlesztenünk e kiválóságokat, vagy mindezen szellemi minőségeket pusztán azáltal is megszerezhetjük, hogy felfedjük a természetünket alkotó valóságot. A szokványos spiritualitásnak az a válasza, hogy nem elég csupán feltárnunk a saját természetünk valóságát. Azt tanítja, hogy egyrészt bele kell látnunk az ürességbe, amely a saját természetünket fémjelzi, másrészt pedig hatalmas mennyiségű jó tett létrehozására kell törekednünk. E kettő által érhetjük el a teljes buddhaság állapotát. A nem szokványos spiritualitás, a tantra szerint azonban van egy alapvetőbb lehetőségünk: hogy ha elvégezzük a lényünk magvában meglévő valóságtermészetet eltakaró és elhomályosító szennyeződések eltakarításának szellemi munkálatát, az önmagában elegendő.

Dolpópa Serab Gyalcen ezt követően számos idézet segítségével dolgozza ki ezt a témát, majd a *Hévadzsra Tantra* egyik igen népszerű szakaszából idéz annak alátámasztására, hogy a nem szokványos spiritualitás szerint a tudat tartalmazza a megvilágosodás teljességét, és semmi más teendő nincsen, mint felfedni azt:

> ... A világi birodalmak az örökösen
> boldog természettel rendelkeznek,
> máshol bennük egy buddha sem található.
> A tudat maga a beteljesült buddha;
> Másféle buddháról nem szól a tanítás ...

Ezt a következő szavakkal magyarázza:

> Ennek az a mondanivalója, hogy a természet, a tudat tündöklése,[21] mely minden egyes érzőlényben jelen van, a buddha. Ezen felül azt tanítja, hogy ez a buddha pusztán az által elérhető, hogy a járulékos szennyeződésektől megtisztítjuk.

A tibeti buddhizmus négy fő hagyománya alapjában véve tantrikus tradíció. Így aztán mindenki, aki a tibeti buddhista gyakorlással komolyan foglalkozik, előbb-utóbb a tantrák nem szokványos spiritualitását fogja gyakorolni. Ezt kétféle módon lehet megtenni. Az egyik az, hogy az ember azonnal a tantrákat kezdi gyakorolni, a másik pedig az, hogy kellő megalapozást szerez a szokványos szellemi ösvényen, hogy azután ráléphessen a tantrák nem szokványos ösvényére, és azt gyakorolhassa. Könyvünk következő szakasza annak az embernek az ösvényét tekinti át, akinek a tantra a fő gyakorlata. Ezt követik maguk az utasítások, melyek a buddhista gyakorlás szokványos szintjén végzett, teljes meditációs ülésre vonatkoznak. Ahogy a bevezetőben már elmagyaráztuk, az ember ezzel kellően megalapozza, hogy képes legyen elvégezni azt a nem szokványos szintű gyakorlatot, melyben egyszerűen feltárul a tudat benső természete. Miután ez a megközelítés illik az emberek többségéhez, több tibeti tanító is először ezzel ismerteti meg tanítványait, mielőtt rávezetné őket a nem szokványos megközelítésre.

---

[21] A természet és a tündöklés megint csak a *tathágatagarbhá*ra vonatkozik, amely a megvilágosult magva annak, amit mi tudatnak gondolunk. Tudatunk valójában egy összetettség — csomag, mely a tudat valódi, igen egyszerű természetére épül.

2. RÉSZ

A MEDITÁCIÓ ÖSVÉNYÉNEK ÁTTEKINTÉSE

A MEDITÁCIÓ ÖSVÉNYÉNEK ÁTTEKINTÉSE

A tibeti buddhizmus a Vadzsra Jármű rendszerét követi, vagyis tantrikus rendszert követ. A Vadzsra Jármű szerint minden meditáció két témakörbe sorolható. Mindkét témakör két-két témát tartalmaz, így összesen négy téma létezik:

1. Előkészítő gyakorlatok
   A. „A négy tudat-visszafordító" nevezetű, általános előkészítők
   B. „A négy százezres sorozat" nevezetű, különleges előkészítők

2. Fő gyakorlat
   C. Kifejlesztési fokozat
   D. Beteljesítési fokozat

Ezek sorrendjét és az egyes gyakorlatok célját „Gampópa négy *dharmá*jának" segítségével lehet elmagyarázni:

> A racionális elme változzon Dharmává;
> A Dharma változzon ösvénnyé;
> Oszoljon el az ösvény zavarodottsága;
> A zavarodottság derengjen fel bölcsességként!

A szellemileg fejletlen, közönséges ember kettős, avagy racionális tudattípussal rendelkezik, mely nem képes magáévá tenni a Dharmát, mivel nincs rá indíttatása. Ahhoz, hogy egy ilyesfajta ember gyakorolni kezdje a Dharmát, először afelé kell tájolnia a tudatát; késztetnie kell arra, hogy a Dharmát magáévá kívánja tenni. Létezik négy olyan gyakorlatsor, melyek az elmét elterelik annak közönséges, nem szellemi jellegű érdeklődésétől; visszafordítják a tudat irányát, hogy az a Dharma felé forduljon, és magáévá tegye azt. E gyakorlatokat ezért „négy tudatvisszafordítónak" nevezik, és a meditáció tárgyalása általában ezzel a témával kezdődik. A gyakorlat egészéhez képest ezek olyan előkészítők, melyek exoterikus vagy közönséges szinten mutatják be a Dharma ösvényét, ezért ezeket „közönséges előkészítő gyakorlatoknak" nevezzük. A gyakorlás e lépését foglalja össze Gampópa első *dharmá*ja: „A racionális elme változzon Dharmává".

Ha az embernek a négy tudat-visszafordító segítségével sikerül megfordítania elméjét, hogy az a Dharma felé irányuljon és magáévá tegye azt, még mindig az a gond, hogy az ember gyakorolja ugyan a Dharmát, amelyet magáévá tett, ám az mégsem válik feltétlenül a valósághoz vezető ösvénnyé. Ez azért van, mert a gyakorló tudatfolyama még eléggé tisztátalan, és a gyakorlásra irányuló kísérletei nem mindig a tényleges Dharmával állnak kapcsolatban. Létezik négy olyan gyakorlatsor, melyek megtisztítják és felkészítik a gyakorlót, hogy bármilyen dharma-gyakorlatot is folytasson, az mindig hiteles Dharmaösvénnyé változzék. Ezeket „négy százezres sorozatnak" nevezik, mert mindegyik gyakorlatot százezerszer szokás elvégezni. A gyakorlat egészéhez képest ezek olyan előkészítők, amelyek ezoterikus, különleges vagy rendkívüli szinten mutatják be a Dharma ösvényét, s ezért „különleges előkészítő gyakorlatoknak" nevezik őket. A gyakorlás e lépését foglalja össze Gampópa második *dharmá*ja: "A Dharma változzon ösvénnyé".

Miután a gyakorló az előkészítők segítségével ily módon felkészítette rá tudatát, a fő meditációs gyakorlat következik.[22]

Először a tudatot kellett megváltoztatni oly módon, hogy az magáévá tegye a Dharmát; azután a Dharmát kellett hiteles ösvénnyé alakítani. Ám ha ezt megtettük, még mindig az a baj, hogy bár a Dharma hiteles ösvénnyé változott, a gyakorló még mindig zavarodottságban tartózkodik. A zavarodottságot, melyben a gyakorló tartózkodik, "az ösvény zavarodottságának" nevezik.

Mit jelent az ösvény zavarodottsága? Mivel tévedésbe estünk a valósággal kapcsolatban, rátévedtünk az ösvényre; a tévedésünk miatt létrejött alapvető zavarodottság az, melyet az ösvényen járva tapasztalunk. Az ösvényen járva megtapasztalt za-

---

[22] A buddhizmusban általában a *samatha-vipasjaná* gyakorlása jelenti a fő meditációs gyakorlatot. Ez elvégezhető a Buddha exoterikus magyarázatai szerint, vagyis a szútrák alapján, illetve a Buddha ezoterikus magyarázatai szerint, vagyis a tantrák alapján is. A *Kagyü* hagyományban mindkét magyarázatrendszer megtalálható, általában azonban a tantra ezoterikus gyakorlatait követik. A tantra teljes gyakorlata két gyakorlási fokozatra vagy szakaszra osztható: az elsőt kifejlesztési fokozatnak, a másodikat beteljesítési fokozatnak hívják. Az ember, nagy általánosságban fogalmazva, az első szakaszban a racionális elméje használatával megalkot egy tiszta világot, amely összhangban áll a megvilágosodás bölcsességével (így azt "megalkotási fokozatnak" is lehet nevezni). A második fokozaton az ember beteljesíti azt, oly módon, hogy a megvilágosodás bölcsességévé változtatja.

varodottság a tartályok – a külső világok – tisztátalan látszatjelenségei, valamint a tartalmak – a világokban élő érzőlények testének, beszédének és tudatának – tisztátalan látszatjelenségei.

Az ösvény e zűrzavarát el kell oszlatni, a Vadzsra Járművön pedig – vagyis a tantrikus gyakorlás járművén – az eloszlatás módszerét „kifejlesztési fokozatnak" nevezik. A kifejlesztési fokozat valaminek a megalkotását jelenti. A kifejlesztési fokozat úgy oszlatja el az ösvény zavarodottságát, hogy az ember világának olyan tiszta látásmódját alkotja meg, amely összhangban van a megvilágosodással, s ezzel váltja fel a tisztátalan látszatjelenségeket, melyeket jelenleg a megzavarodott tudatunkkal alkotunk meg. A kifejlesztési fokozat gyakorlója azt a felfogást alkotja magának, hogy a tartály – vagyis a külvilág – tiszta lakhely: az istenség felmérhetetlen nagyságú palotája; az érzőlények pedig, akiket e világok tartalmaznak, a palotában élő, tiszta istenségek. Összességében e tiszta észlelés megalkotását háromféle módon szokták végrehajtani. A testhez való ragaszkodás zavarodottságának megtisztítására az ember megtanulja önmagát és a többi lényt is istenségnek tekinteni. A beszédhez való ragaszkodás zavarodottságának megtisztítására megtanulja a hangokat az istenség hangjaiként érzékelni. Végül, a szamszárikus elme zavarodottságának megtisztítására az elmetevékenységét megtanulja elválaszthatatlannak tekinteni a *jidam*-istenség megvilágosult tudatától. A kifejlesztési fokozat, mint az ösvény zavarodottságának megtisztítója, e teljes lépését Gampópa harmadik *dharmá*ja foglalja össze: „Oszoljon el az ösvény zavarodottsága!"[23]

---

[23] Gampópa harmadik *dharmá*ját általában a következőképp fordítják: „Oszlassa el az ösvény a zavarodottságot", s maga Gampópa is így magyarázza azt *Összegyűjtött Művei*ben, saját szavaival. Ezzel szemben, az összes *kagyü* tanító, akikhez fordultam, illetve akiknek
(Folyt. köv.)

A két előkészítő alapján elvégzett kifejlesztési fokozat képes a tisztátalan látszatjelenségek zavarodottságának leküzdésére, de nem képes teljes mértékben eltisztítani a zavarodottságot. A zavarodottság teljes mértékű eltisztításához még arra is szükség van, hogy a zavarodottság bölcsességként derengjen fel[24]. Ahhoz, hogy a zavarodottság bölcsességként derengjen fel, az embernek meg kell vizsgálnia a tudat lényegét, hogy ráleljen az ürességre. A beteljesítési fokozat éppen e gyakorlat által teljesíti be a gyakorlás ösvényét. A beteljesítési fokozat e teljes lépését, melyben minden jelenség a bölcsesség üres megnyilvánulásaként

---

[23](folytatas) fordítottam – többek között Thrangu Rinpócse, Coknyi Rinpócse, Adeu Rinpócse és Mingyur Rinpócse is – azt állítja, hogy az „oszoljon el az ösvény zavarodottsága" a helyes olvasat. Az „ösvény" kifejezés, mely vagy „a megvilágosodáshoz visszavezető ösvényre" vonatkozik, mint szokásosan, vagy pedig „a *szamszára* ösvényére, melyre az ember azután téved rá, hogy elköveti azt az alapvető hibát, hogy leválasztja önmagát a valóságról", szerintük ez utóbbit jelenti.

Hogy keletkezhetett ekkora értelmezésbeli eltérés? Gampópa harmadik *dharmá*jának tibeti szövegezése tömör, és kimaradt belőle egy kulcsszó, amely világosan jelezné, hogy „az ösvény zavarodottsága oszoljon el", vagy pedig „az ösvény oszlassa el a zavarodottságot". Gampópa saját magyarázataiban tisztázza, hogy a második felfogás a helyes. A hagyomány mégis olyan magyarázatot dolgozott ki, amely az első értelmezésen alapul. A hagyomány értelmezése nem rossz, bár eltér Gampópa saját magyarázatától.

[24] A „derengjen fel" itt egy különleges szakkifejezés, melynek jelentése: „jelenjen meg a bölcsességtudatban". Valószínűleg helyesebb lenne úgy fordítani: „ragyogjon fel".

ragyog fel, Gampópa negyedik *dharmá*ja foglalja össze: "A zavarodottság derengjen fel bölcsességként!"

Így hát, a fenti négy szakasz a Vadzsra Jármű meditáció teljes egészét magába foglalja, jelentésüket pedig Gampópa foglalta össze a "Gampopa négy *dharmá*ja" elnevezésű tanításban.

Egy meditációs ülést többféleképpen is el lehet végezni. A *Kagyü* iskolában általában minden ülést öt részre osztanak. Ez esetben az öt részre osztott meditációs ülés a fent bemutatott négy szakasz teljes jelentését magába foglalja. Az öt rész a következő: (1) menedékvétel és a *bódhicsitta* felkeltése; (2) *guru*-jóga; (3) kifejlesztési fokozat; (4) Mahámudrá gyakorlat; (5) érdemfelajánlás és kívánság-imák. Ha egy meditációs ülésen belül jelen van mind az öt, ebben a sorrendben, akkor az ülés magába foglalja a meditáció teljes értelmét tartalmazó négy téma teljes jelentését, valamint Gampópa négy *dharmá*jának teljes jelentését, amely azokat foglalja össze.

Az ötrészes ülést másféleképpen háromrészes ülésként is be lehet mutatni, a jelentésének megváltoztatása nélkül, és ez esetben a három rész mindegyikét tartalmazó meditációs ülés is teljes és elégséges. A teljes meditációs ülést alkotó három rész a következő: (1) menedékvétel és a *bódhicsitta* felkeltése; (2) a fő gyakorlat elvégzése; (3) érdemfelajánlás és kívánság-imák. Ha a fő gyakorlat a Mahámudrá vagy a Nagy Beteljesedés gyakorlata, akkor az ülés a fent bemutatott jelentés összességét a Vadzsra Jármű szempontjából tartalmazza. Ha viszont a Nagy Jármű szútra rendszere szerinti *samatha-vipasjaná* gyakorlása a fő gyakorlat, akkor az ülés azon a szinten tartalmazza a gyakorlat teljes jelentését. Továbbá, akár azok közé tartozunk, akik nem akarnak bonyolult gyakorlatokat végezni, hanem inkább a tömör vagy egyszerű gyakorlási stílust kedvelik, akár azok közé, akik jobban szeretik az összetett gyakorlatokat és képesek is azokat elvégezni; amennyiben a meditációs üléseink – akár egyszerűek, akár összetettek – mindhárom részt magukban foglalják, annyiban teljes lesz a gyakorlatunk.

Röviden, e háromrészes gyakorlási stílust a buddhista gyakorlás bármely szintjén alkalmazhatjuk, hogy ülésünket ezáltal teljes értékűvé tegyük. Olyan ez, mint fejjel, szívvel és lábbal rendelkezni: ha a három közül bármelyik is hiányzik, akkor nem juthatunk el oda, ahová el szeretnénk jutni; ha azonban mindhárommal rendelkezünk, akkor bárhová eljuthatunk, ahová csak akarunk. A meditáció esetében hasonlóképpen, ha mindhárom rész együttesével rendelkezünk, akkor eljuthatunk a teljesen tökéletes buddhaságig – akár a szútra rendszer általánosabb gyakorlatai, akár a tantrikus rendszer különleges gyakorlatai segítségével.

3. RÉSZ

Teljes meditációs ülés három részben

Előkészületek

Menedékvétel a Három Ékkőben és a Megvilágosodás-tudat Felkeltése

Menedékvétel[25]

Lényegében szólva, a közönséges lények – vagyis mindazon lények, akik szellemileg fejletlenek – rossz helyzetben vannak. Életük egy cseppet sem kielégítő, és a kielégületlenség minden egyes megtapasztalása olyan reakciót vált ki belőlük, amely nem oldja meg véglegesen a helyzetet, hanem csak még több kielégítetlenséget idéz elő a jövőben. A Buddha ezért az egész

---

[25] A menedékvétel magyarázatát manapság számos könyvben megtalálhatjuk, melyek közül ajánljuk a *Teachings of the Mountain Hermit of Mandong, Taking Refuge and Arousing Bodhicitta Explained According to Atisha's Lineage* (Padma Karpo Translations, ISBN 938-9937-9031-8-9) című kötetünket, mely egy másik jól ismert, 19. századi *kagyü* mester remekbe szabott tanításait tartalmazza. Másik kötetünk, az *Unending Auspiciousness: The Sutra of the Recollection of the Noble Three Jewels* (ISBN 978-9937-8386-1-0) részletes és gyakorlatias magyarázatokat tartalmaz a menedékvételről, a Buddhától származó szútrákkal és azok magyarázataival együtt.

tanítását azzal kezdte, hogy világosan felhívta a helyzetre a közönséges lények figyelmét, és megmutatta nekik, mit tehetnek ellene. E legelső tanítását „a Nemes Emberek Négy Igazságának"[26] nevezik. Általánosságban szólva, mindenkit, aki buddhista lett, a Buddha tanítása köt össze, tanításának egészét pedig elsősorban a Négy Igazságról szóló tanítása példázza. A Négy Igazság a következő:

1. A kielégítetlenség igazsága
2. A forrás igazsága
3. A megszüntetés igazsága
4. Az ösvény igazsága

Ezeket a következőképpen kell felfogni:

1. Mint amit meg kell érteni
2. Mint amivel fel kell hagyni
3. Mint amit el kell érni
4. Mint amire támaszkodni kell

A négy igazság szemléltetésére pedig a Buddha a test és a betegség hasonlatát alkalmazta.

A lények gyakran megfeledkeznek saját, benső természetükről. Amikor ez bekövetkezik, összetett tudatot alakítanak ki, és „érzőlényekké"– összetett, megtévesztett tudattal rendelkező

---

[26] Ezt általában „Négy Nemes Igazságnak" fordítják, pedig a Buddha és a nagy indiai panditok magyarázataiból – például az *Abhidharmakósa* című műből – egyértelműen kiderül, hogy az „a Nemes Emberek számára látható Négy Igazságot" jelent. Ezt a Négy Igazságot pillantják meg a szellemileg fejlett lények, akik közvetlenül látják az ürességet. E lényeket nevezte a Buddha *árjá*knak, ami „magasabb rendűt" vagy „nemest" jelent a közönséges lényekhez képest, akik szellemi fejlődésükben nem jutottak el odáig, hogy közvetlenül észleljék az ürességet.

lényekké – válnak. A megtévesztett tudat, amelyet megalkottak, megtévesztő létezést hoz létre. E létezés számukra valósnak tűnik, holott az képzelgés. E képzeletbeli valóság, melyet megalkottak maguknak, a tévedés terméke, és emiatt mindig csődöt mond. Újra és újra ebben a megtévesztett állapotban születnek meg, és emiatt ezt az egész megtévesztő valóságot, melyben mindnyájan részesülnek, *szamszárá*nak vagy körkörös létezésnek nevezik.

A körkörös létezés természeténél fogva nem kielégítő, így nyilvánul meg. Nincs benne semmi, ami kielégítő lenne. Miután mindnyájan időtlen időktől fogva a körkörös létezésben bolyongunk, a Buddha megértette, hogy a négy igazság közül legkönnyebben a kielégítetlenség igazságát érthetjük meg. Ezért ezt az igazságot tanította legelsőnek. A kielégítetlenség igazsága olyasvalami, amit meg kell értenünk. A Buddha hasonlatának értelmében a kielégítetlenség igazsága olyan, mint a test betegsége.

Ha megértjük, hogy a körkörös létezés nem kielégítő, természetesen érdekelni kezd bennünket, hogy mi lehet e kielégítetlenség oka. Amikor belátjuk, hogy az természeténél fogva nem kielégítő, tűnődni kezdünk: „Mi okozza e kielégítetlenséget, honnan származik az?" E kielégítetlenséget ideiglenesen anélkül is enyhíthetjük, hogy ismernénk az okát, ám ahhoz, hogy teljesen véget vessünk neki, tisztába kell jönnünk az okával. Az ok helyes megértését a forrás igazságának nevezzük. A forrás igazsága olyasvalamire vonatkozik, amivel fel kell hagynunk. A forrás igazsága olyan, mint a testünkben lévő betegség oka.

Ha a kielégítetlenség okát eltávolítjuk, az eredmény a kielégítetlenség megszüntetése. E megszüntetés kifejezetten abból fakad, hogy eltávolítjuk azt a valamit, amit a forrás igazságaként ismertünk fel. Ez a megszüntetés igazsága. A megszüntetésnek különböző fajtái vannak, melyek a buddhista ösvény gyakorlásából fakadó szellemi megvalósítás szintjeinek felelnek meg. E megszüntetéseket el kell érni. A megszüntetés igazsága olyan, mint a betegségétől megszabadított test.

A puszta felismerés, hogy a körkörös létezés nem kielégítő, hogy annak oka van, és hogy megszüntethető, még nem vet véget neki. Ahhoz, hogy meg is szüntessük a kielégítetlenséget, valamilyen módszert kell alkalmaznunk. E módszert nevezik ösvénynek, ami egy bizonyos helyre vezető utat jelent. Rengeteg spirituális gyakorlat létezik, ám nem mindegyik vezet igazi megszüntetéshez. A Buddha elmagyarázta, milyen gyakorlatokat kell követni ahhoz, hogy igazi megszüntetéshez jussunk; ezek összességét nevezik az ösvény igazságának. Az ösvény igazsága olyasvalami, amiben meg kell bíznunk; rá kell lépnünk, különben sehová sem jutunk. Az ösvény igazsága olyan, mint az orvos által adott útmutatások; ha betartjuk azokat, akkor száműzzük a betegséget a testünkből és meggyógyulunk.

Mindent egybevetve, ha testünk megbetegszik, orvoshoz megyünk, hogy rájöjjünk betegségünk okára, s hogy van-e rá gyógymód. Ha van rá gyógymód, akkor kigyógyulhatunk belőle, amennyiben követjük az orvos által adott utasításokat. Nem árt, ha közben olyan ápolónk is van, aki ismeri a betegségünket és segíthet nekünk a gyógyuláshoz vezető úton. Ugyanígy, megtévesztő létezésünk betegségében szenvedünk. A Buddha olyan, mint az orvos, aki a Nemes Emberek Négy Igazsága révén elmagyarázza nekünk a betegségünk okát, és az ösvény követésére buzdít, amíg a betegségünk véget nem ér. Az általa adott útmutatásokat a régi indiai hagyomány szerint Dharmának nevezik. Ez az igazság, amit megtudhatunk tőle. Dharmája az orvosság, melyet be kell vennünk, hogy meggyógyuljunk. Azon követői, akik az ösvényen legalább odaáig jutottak, hogy megszabadultak a megtévesztő körkörös létezésből, segíthetnek minket az úton, mivel ők is ugyanazon jártak. Őket hívják Szanghának, ami a régi Indiában "közösséget" jelentett. Megjegyzendő, hogy a közösség ez esetben nem a buddhizmus követőinek nagyobb közösségét jelenti, hanem kimondottan azokét, aki már elértek valamilyen fajta megszüntetést. Ők azok, akik betölthetik az ápolók szerepét és támogathatnak minket a gyógyuláshoz vezető úton.

Minden lény gondokkal küszködik, és mindegyik igyekszik ilyen vagy olyan módon megoldani problémáit. A lények mindig találnak egy másik lényt, valamilyen módszert, vagy bármi mást, amiben védelmet találnak, hogy a bajoktól távol tartsák maguk. Aki eldöntötte, hogy buddhista útra lép, a Buddha, a Dharma és a Szangha mellett kötelezi el magát a bajok elleni védelemül. A Buddha ezeket nevezte Három Ékkőnek, s azt mondta róluk, hogy ők nyújtanak védelmet minden követője számára. A buddhista hagyományban ezért minden gyakorlat a Három Ékkőben való menedékvétellel kezdődik. Ez általában egy olyan szertartásszöveg felmondásával történik, mint az alábbi, melyet az összes tibeti buddhista hagyományban jól ismernek:

> Menedéket veszek a Buddhában, a Dharmában és a
> kiváló Gyülekezetben
> Amíg meg nem világosodom;

A meditációból és recitációból származó érdemeim révén
Váljak Buddhává minden lény érdekében![27]

A megvilágosodás-tudat felkeltése

Miután menedéket vettünk, fel kell keltenünk magukban a gyakorláshoz való helyes hozzáállást. A teljes megvilágosodáshoz vezető ösvényen járó személy helyes hozzáállását „a mások megsegítésére törekvő tudatnak" nevezik, mely elnevezés az összes lény iránti szerető jósággal és együttérzéssel egyaránt rendelkező tudatra vonatkozik. A mások megsegítésére törekvő hozzáállás egy olyan, még átfogóbb magatartáshoz tartozik, amely a Nagy Jármű teljes megvilágosodáshoz vezető ösvényének gyökerét képezi. E magatartást *bódhicsittá*nak vagy „megvilágosodás-tudatnak" nevezik. A megvilágosodás-tudat olyan magatartás, hogy azért törekszünk az igazán teljes buddha megvilágosodásának elérésére, mert minden érzőlényt számításba vettünk, és rájöttünk arra, hogy így segíthetünk legjobban az összes érzőlényen, magunkat is beleértve.

Gondjaink és szenvedésünk alapvető oka az önmagunkhoz való ragaszkodás azon különleges típusa, melyet önszeretetnek

---

[27] E szertartásszöveget mindegyik tibeti hagyományban jól ismerik. A Nagy Jármű szertartásszövegeiben a „kiváló gyülekezet" kifejezés kimondottan a Nagy Jármű Szanghájára utal. A „meditáció és recitáció" kifejezést több szabványos kifejezéssel is be lehet helyettesíteni. A „meditáció és recitáció" egy olyan meditációs ülés vagy istenség-gyakorlat kezdetén hangzik el, amelyekben mantrákat szokás recitálni. Általános körülmények között a „nagylelkűség és a többi" szerepel helyette, ami a hat *páramitá*ra utal. A tanítások kezdetén a „magyarázat és hallgatás" kifejezést használják, és így tovább.

nevezünk. Ez az önzés és megannyi más kellemetlen viselkedésfajta indítóoka. Igen mélyen a tudatunkban fészkelő érzés ez, mely csak azt akarja, amit éppen akar. Csak önmagának akar használni, mások veszteségével pedig vagy nem törődik, vagy kifejezetten kívánja azt. Akinek ilyen a tudata, az maga sosem lelhet boldogságra, s ráadásul mások sem lesznek boldogok tőle. Rengeteg gondot okoz vele önmagának, a családjának, a barátainak, a környezetének – mindennek és mindenkinek. Senkinek sincs nyugalma tőle. Akinek ilyen a tudata, abban nem bízik meg senki, hanem inkább csak a bajt látja benne, és ő is csak bajt vagy ellenséget lát másokban, míg végül úgy érzi, hogy csupa bajkeverő veszi körül. Röviden, rengeteg gondot okoz. Olyan, mint napszemüveget viselni: ha kék színű szemüveget viselünk, akkor mindent kékes árnyalatban látunk.

Ha az ember mindig csak magára és a saját vágyai kielégítésére gondol, akkor nem lesz képes azokat valóra váltani, és végül állandó harcban áll majd önmagával. Az effajta tudatnak soha semmi sem tetszik, és emiatt sosincs megbékélve önmagával. Mindig valami rosszat talál abban, ami éppen történik. Mondjuk, van két ember. Az egyik csak önmagára gondol: rengeteg harag, gőg és féltékenység lakozik benne. A másik tele van szerető jósággal, együttérzéssel, és mindig csak mások javára törekszik. Ha kettőjüket összehasonlítanánk, bizonyára azt mondanánk, hogy amelyikük szerető jósággal és együttérzéssel rendelkezik, az összességében jó ember. Valószínűleg mindig mosolyog másokra, azok pedig olyan szeretetre méltónak találják, mintha a rokonuk lenne. Mindenki kellemesnek érzi a társaságát, aki csak találkozik vele. A másikat viszont, aki önszeretettel, haraggal és mindenféle gyötrelemmel van tele, rossz embernek látnánk, és nem nagyon szeretnénk őt. Mindenki így látná őket.

Például, ha valaki csak magára és a saját vágyaira gondol, esetleg azt gondolja magában: "Legyőzök mindenkit, aki az utamban áll, és felülkerekedek rajtuk, hogy azt kelljen tenniük, amit én mondok nekik." Ez azonban nem hozza meg azt a kívánt eredményt, hogy felülkerekedjen ellenségein, hanem csak a számukat fogja növeli vele. Először egyvalakiből csinál ellenséget, aztán még egy valakiből, aztán még egyből, és így tovább. Egyszer csak összetűzésbe kerülnek egymással, majd azt követően az ellenségek távol maradnak tőle, és nem fogják kedvelni. Mit tehet velük az, aki tényleg elhatározza, hogy elbánik velük? A legrosszabb, amit tehet, hogy megöli őket; annál nincs véglegesebb megoldás. Ezzel csak az a baj, hogy ha az ember megöl egyvalakit, akkor általában mások jönnek helyette, hogy megbosszulják, és őket is meg kell ölni. Végül az egész világ ellene fordul, és mindenkit meg akar ölni. A közelmúltból Hitler a legjobb példa erre; először csak pár embert ölt meg, aztán addig folytatta, amíg a világ lakosságának jelentős részét ki nem irtotta. Nem lelt benne megnyugvást, csak haragot és egyéb káros tudatállapotokat. Végül mire ment? Hiába igyekezett legyőzni ellenségeit, azok száma egyre gyarapodott, míg aztán szinte az egész világ ellene harcolt. Végül megölte magát.

A harag csak bajt okoz. Legjobban úgy bánhatunk vele, hogy nem a külső ellenségtől szabadulunk meg, hanem a belső tudattól, amely az ellenséget megteremti. Például élt egyszer régen egy tehénpásztor. A tehénpásztoroknak és más szegény embereknek akkoriban nem nagyon volt cipőjük. A tehénpásztor ide-oda vándorolt a marháival, s bárhova ment, lábát felsértették a földön heverő kövek. Egy kicsit elgondolkodott ezen, majd arra jutott, hogy ha bőrrel fedné le a földet, akkor az nem sértené fel annyira a lábát. Így hát egy darab bőrt terített az útra. Azzal azonban sajnos csak az út néhány méterét tudta lefedni, és amikor a végére ért, a lába megint kisebesedett. Felmerül tehát a kérdés: ez volt a legszerencsésebb megoldás? A válasz, természetesen: nem. Inkább a saját lábát kellett volna bőrrel beborítania – például úgy, hogy cipőt visel. Ha így tett volna, akkor a bőr mindig megvédte volna a lábát, bárhova is menjen. Hasonlóképpen, ha megfékezzük a saját elménket – vagyis azt a tudatot, amely a külső ellenségeinket megteremtette –, akkor a külső ellenségeink maguktól megbékélnek.

A gondolat, hogy harcolnunk kell ellenségeinkkel és fölébük kell kerekednünk, csak nehezíti a helyzetet; olyan, mint azt hinni, hogy az egész világot be kell vonnunk bőrrel ahhoz, hogy a lábunkat megóvjuk. Mindegy, hány külső ellenség felett aratunk győzelmet, soha nem bánhatunk el velük véglegesen. Meg kell értenünk, hogy az ellenségekre adott igazi válasz az, hogy ha a valódi ellenséggel, az önszeretettel bánunk el.

Ez felveti azt a kérdést, hogy mi az önszeretet ellentéte. A szerető jóság és az együttérzés. Ha szerető jóság és együttérzés van bennünk, azzal magunkon és másokon is segíthetünk. Ráadásul azt is lehetővé teszi, hogy törődjünk magunkkal és másokkal is. Röviden, mindenkinek használunk vele.

Egyesek azt mondják, hogy a szerető jósággal és együttérzéssel rendelkező emberek bizonyára tutyi-mutyi alakok; nincs bennük lelkierő, és ezért semmi jelentőségteljes dolgot nem tudnak véghezvinni. Pedig azok, akiben van szerető jóság és együttérzés, épp az ellentétei azoknak. Az ilyen emberekben általában sokkal több az állhatatosság és az elszántság mások megsegítésére, s ugyanakkor roppant tágas tudattal is rendelkeznek. Az ilyen embereknek megvan az önbizalmuk az előrejutáshoz, és a lelkierejük arra, hogy megtegyék mindazt, amit magukért és másokért meg kell tenniük. Ez az óriási bátorság és félelemmentesség szintjére vezet, a másokért való munkálkodás értelmében. Másrészről, akikben túl sok az önszeretet, azoknak általában túl szűk az elméjük; túlérzékenyek, és semmi olyasmit nem képesek elviselni, ami a magasabb jó érdekét szolgálja. A szerető jóság és együttérzés tehát oly tulajdonságok, amelyeket ki kell magunkban fejlesztenünk.

A másik megsegítésére törekvő tudat három, egymást követő fejlődési szintje a megvilágosodás tudatához vezet

A tibeti buddhista hagyományban két alapvető módszer létezik a *bódhicsitta* kifejlesztésére. Az egyiket „a hét okról és okozatról szóló különleges utasításoknak", a másikat pedig „önmagunk másokkal való egyenlővé tételének és felcserélésének" nevezik. Általánosságban szólva, mindkettő a mások megsegítésére törekvő tudat fokozatos kifejlesztésére tanít, amely a megvilágosodás-tudatban csúcsosodik ki. Mindkettő először a szerető jóságot és együttérzést, azután pedig a *bódhicsittá*t alakítja ki. A megvilágosodás-tudat kifejlesztését itt fokozatos fejlődésként ábrázolják, mely egyszerű szerető jósággal és együttérzéssel kezdődik, korlátlan szerető jósággal és együttérzéssel folyatódik, s a tényleges megvilágosodás-tudattal végződik.

I. Egyszerű szerető jóság és együttérzés

Az „önmagunk másokkal való egyenlővé tétele és felcserélése" keretében tanított gyakorlat első lépése azon, szokásszerű magatartásunk lerombolása, hogy önmagunkat mindenki másnál fontosabbnak tekintjük, és annak felismerése, hogy alapvető életcéljaink tekintetében egyenlők vagyunk a többiekkel.

A klasszikus magyarázatok szerint ezt úgy kell tenni, hogy megvizsgáljuk, mire is vágyunk leginkább. Ha feltesszük magunknak a kérdést, hogy mit is szeretnénk igazán, végül arra jövünk majd rá, hogy boldogságot akarunk magunknak jelenleg, illetve módot arra, hogy a jövőben újra elérhessük azt; valamint azt akarjuk, hogy megszabaduljunk mind a jelenlegi problémáinktól, mind pedig attól, ami a jövőben esetleg problémákat okozna. Ha tovább vizsgálódunk, rájöhetünk, hogy ez nem csak magunkra, hanem a világ összes többi lényére nézve is igaz. Más szóval, ez olyasvalami, amiben legalább minden ember, de valószínűleg minden állat is egyetértene. Alapvetően mindnyájan ugyanazt akarjuk, s e tekintetben mindnyájan azonosak vagyunk. A Buddha azt mondta, hogy miként az ember nem akar magának szenvedést, hanem boldogságra vágyik, úgy az összes többi érzőlény is – nem csak a mi bolygónkon – véget akar vetni a szenvedésnek és boldog akar lenni.

Önmagunk másokkal való egyenlővé tételének második módja az érzőlények belső valóságával kapcsolatos, melyről az előző fejezetben beszéltünk. Minden érzőlény lényében hordozza a teljes tisztaságot, mely lehetővé teszi azt, hogy buddhává váljon; lényük magvában mindnyájan *szugatagarbhá*val rendelkeznek. E teljes tisztaságot, ami a *szugatagarbha*, az érzőlények esetében különféle tévedések borítják el, ám az mégis természetes módon arra ösztönzi őket, hogy elhagyják e megtévesztett állapotot, mely a boldogság hiányával és mindenre kiterjedő kielégítetlenséggel jár; és állandóan a megvilágosodás elérésére sarkallja őket, melyben teljes a megnyugvás és egyáltalán nincs kielégítetlenség. Az összes lényben megvan e késztetés a megvilágosodásra, még ha többnyire nem is tudják megfogalmazni. Így hát, ha átérezzük a saját megvilágosodásra irányuló késztetésünket, akkor ezen érvelés segítségével beláthatjuk, hogy az összes többi érzőlény is pontosan ugyanezzel a késztetéssel rendelkezik.

Amikor megértjük, hogy az összes lény lényegisége a teljes tisztaság, majd pedig örvendezünk ennek, valamint az ahhoz való visszatérés lehetőségének, akkor éppen ennek alapján jelenik meg mind a szerető jóság, mind pedig az együttérzés. Miért van így? Maga a Buddha mondta, hogy elsősorban azért keressük a boldogságot és akarunk megszabadulni a szenvedéstől, mert jelen van bennünk e belső valóság, mely teljességgel mentes létezésünk minden problémás részletétől, mely önmagában szabad a szenvedéstől, mely a hatalmas gyönyör szakadatlan folyama. E belső valóság jelenleg csak mag formájában van jelen: csak magvaként annak, ami lehetne, és e magot *szugatagarbhá*nak nevezik. Noha csak mag, mégis ösztönösen érezzük a jelenlétét. Érezzük, hogy az a mi otthonunk, és haza szeretnénk térni; ezért oly erős bennünk a késztetés a boldogság elérésére és a szenvedéstől való megszabadulásra. A hazatérés késztetése olyan, mint a madáré, amely elhagyja a fészkét élelemért. Eltávolodik a fészektől, de bármilyen messze repül is attól, mindig észben tartja: „Ahol most vagyok, az nem az otthonom. Haza kell térnem." Amikor a fészkétől távol jár, mindig erősen él benne a gondolat, hogy vissza kell térnie oda – éppen azért, mert azt tekinti valódi otthonának: ama helynek, ahová tartozik. Mondhatnánk, honvágya van. Bennünk is ugyanilyen erős késztetés él arra, hogy ráleljünk saját otthonunkra és hazataláljunk. Lényünk legmélyén a *szugatagarbha* teljes tisztasága rejlik, és abba akarunk visszatérni, amiben nincs semmiféle szenvedés és ami ezért csak boldogságot tartalmaz – olyan boldogságot, amely mentes a dualisztikus tévedések hulladékától. Mindenki ebbe akar visszatérni, aminek jele az, hogy boldogságra vágyunk és meg akarunk szabadulni a szenvedéstől. Mindenki törekszik is rá, hogy odajusson. Ám, mint tudjuk, egyesek kutatása teljes sikerrel, másoké részleges sikerrel jár; sokan pedig rengeteg hibát vétenek oda vezető útjuk során, úgyhogy akár igen rosszul is sikerülhet az utazásuk. Akár sikerül nekik, akár nem, minden érzőlénynek honvágya van önnön természetének teljes tisztasága után.

Ha e két dolog legalább egyikét felfogjuk, akkor megérthetjük, hogy egyetlen más élőlénytől sem különbözünk. Ekkor az a természetes érzés ébred bennünk, hogy szeretnénk boldogságot adni a többieknek, valamint okokat rá, illetve hogy meg akarjuk szabadítani őket a szenvedéstől és annak okaitól. Az a vágy, hogy boldogságot adjunk nekik, valamint okokat rá, a szerető jóság tudata; a szenvedéseik és azok okainak eltávolítására irányuló késztetés pedig az együttérzés tudata. Más szóval, az a gondolat, hogy „legyek boldog az összes többi érzőlénnyel együtt", a szerető jóság, az a gondolat pedig, hogy „legyek mentes a szenvedéstől az összes érzőlénnyel együtt", az együttérzés.

Ezen utasítások szerint tehát az egyszerű szerető jóság és együttérzés kifejlesztése úgy kezdődik, hogy elgondolkodunk rajta, mit szeretnénk önmaguknak. Erre azt a választ kapjuk, hogy boldogságot akarunk, nem akarunk szenvedni, és vissza szeretnénk térni a saját lényegünkhöz. Ha ezen jó alaposan elgondolkodunk és jól megértjük, igen erősen átérezzük majd, hogy boldogságot akarunk önmagunknak és meg akarunk szabadulni a saját szenvedéseinktől, valamint a késztetést, hogy mindnyájunknak vissza kell térnünk saját, ép esszenciánkhoz, melyben teljes a megnyugvás és a megszabadulás. Ezzel hozzákezdhetünk a szerető jóság és együttérzés, illetve végső soron a megvilágosodás-tudat kiműveléséhez.

Amikor meditálni kezdünk az egyszerű szerető jóság és együttérzés kialakításán, általában olyan lényekkel szokás kezdeni, akik iránt könnyen fel tudjuk kelteni magunkban a szerető jóságot és az együttérzést. A régebbi kultúrákban élő emberek számára, melyekben a szülők tisztelete és a szoros családi kapcsolatok fontos szerepet játszottak, ez általában az ember édesanyja, édesapja, valamelyik rokona, házastársa, és így tovább. Ezért van az, hogy a szerető jóság és együttérzés kifejlesztésével kapcsolatos imákban általában az édesanyákra utalnak, például: „Édesanyáim, az összes érzőlény végtelen sokasága, mint a tér ..." A nyugati kultúra azonban nem mindig így tekint a dolgokra, és manapság a nyugati emberek közül sokan azt mondanák, hogy nem szeretik az édesanyjukat és a többi hozzátartozójukat, és ezért nem könnyű nekik ilyesmin meditálni. Vannak, akik egyenesen ekképp gondolkodnak: Mikor hal meg végre az apám és az anyám? Alig várom már, hogy eljöjjön az a nap! Ha meghalnak, enyém lesz az összes pénzük, és így tovább. Az ilyen embereknek azt kell használniuk, ami beválik nekik.

Amikor egy könnyű tárggyal kapcsolatban már jártasságot szereztünk a meditációban, akkor áttérünk egy olyan tárgyra, mely nehezebb; majd végül, amikor már azt is könnyedén végezzük, egy olyan tárgyra térünk rá, amely nehéz, vagyis olyasvalakire, aki ellenségünk. Miután ezt is begyakoroltuk, és egy ellenséggel kapcsolatban is el tudjuk végezni a gyakorlatot, átmentünk a vizsgán. Lediplomáztunk az egyszerű szerető jóság és együttérzés gyakorlatából, és továbbléphetünk a következő szintre.

Végezzük el a meditációt egy nehéz tárggyal, egy ellenségünkkel kapcsolatban, hogy lássunk egy példát a meditáció gyakorlatára! Alakítsuk ki magunkban a felismerést, hogy ellenségünk szintén boldogságra vágyik, és ugyanúgy el szeretné kerülni a szenvedést, mint mi, ezért tulajdonképpen semmi különbség sincs közöttünk:

pontosan egyformák vagyunk! Amikor e meggyőződés már megerősödött bennünk, képesek leszünk felcserélni magunkat az ellenségeinkkel, ami kiváló fejlemény. Tehát, azon kell munkálkodnunk, hogy fel tudjuk cserélni magunkat az ellenségeinkkel. Ellenségeink, nagy általánosságban szólva, a saját tudatukban lévő gyötrelmek hatása alá kerültek, s emiatt nem tudnak magukon uralkodni. Sajnos hajlamosak vagyunk emiatt a következőképpen gondolkodni: "Micsoda rettenetes ember! Csak a saját boldogságommal szabad törődnöm. Milyen jó lenne, ha elpusztulna, vagy legalább nem állna az utamba!" Ám az igazság az, hogy ha valahogyan fölébe is kerekednénk, attól nem lenne sokkal jobb nekünk. Sőt, előbb-utóbb csak a saját gondjaink szaporodnának. Ha pedig tehetnénk vele ilyesmit, akkor az ő életét ezúttal szintén nehezebbé és boldogtalanabbá tennénk. Az is elképzelhető, hogy a jövőben valamilyen szerencsétlen létállapotba kerülne.

2. Mérhetetlen szerető jóság és együttérzés

A mások megsegítésére törekvő tudat kifejlesztésének második lépése a négy mérhetetlen kiművelése. A négy mérhetetlen a szerető jóság, az együttérzés, az öröm és az elfogulatlanság. Megegyeznek "Brahma négy állomásával", melyekről a Kisebb Járműben tanítanak. A négy mérhetetlen azonban a Nagy Járműhöz tartozó meditáció, melynek során minden egyes élőlényre gondolnunk kell, kivétel nélkül; míg Brahma négy állomása a Kisebb Járműhöz tartozó meditáció, melyben általában szokás a többi érzőlényre gondolni. Ezt értjük a gyakorlat nevének megváltoztatása alatt: a Nagy Jármű gyakorlat elnevezésében szereplő "mérhetetlen" szó az összes érzőlényre vonatkozik, kiknek száma felmérhetetlen.

Az első mérhetetlen gyakorlata során a következő gondolatot alakítjuk ki magunkban: "A mérhetetlen érzőlények mindegyike legyen boldog!" Amikor e gondolat felmerül bennünk, akkor fejlesztettük ki a mérhetetlen szerető jóságot. A második mérhetetlen gyakorlása során a következő gondolatot alakítjuk ki magunkban: "A mérhetetlen érzőlények mindegyike legyen szenvedéstől mentes!" Amikor e gondolat felmerül bennünk, akkor fejlesztettük ki a mérhetetlen együttérzést.

A szerető jóságon és az együttérzésen való meditáció ez esetben ugyanaz, mint az egyszerű szerető jóság és együttérzés esetében. A gyakorlat menete szintén hasonló: egy könnyű meditációs tárggyal kezdünk – olyasvalakivel, aki közel áll hozzánk –, majd áttérünk egy nehezebbre, például egy ellenségre. Ám miután ily módon fejlesztettük magunkat, változtatunk a meditáció hatókörén, és kiterjesztjük azt az összes érzőlényre.

"Az összes érzőlény" az összes olyan lényt jelenti, aki dualisztikus tudattal bír, és emiatt a körkörös létezésben bolyong. Ezen érzőlények mindegyike, velünk azonos módon, boldogságot akar, nem pedig szenvedést. Mindegyikük ugyanazt akarja, s épp ugyanannyira, mint mi. Így hát mindnyájuk iránt szerető jóságot és együttérzést alakítunk ki, majd ezeket összekapcsoljuk azzal a két gondolattal, melyeket e szakasz elején fejtettünk ki.

A harmadik mérhetetlen a "mérhetetlen öröm". Mi az? Ama különleges gondolat kialakítása, hogy "mindazon érzőlények nem csak hogy legyenek boldogok és szabaduljanak meg a szenvedéstől, hanem lakozzanak mindnyájan a végső állapot hatalmas gyönyörében, mely teljesen mentes a szenvedéstől!"

E gondolatot keltjük fel, majd örömöt érzünk a gondolatra, hogy minden érzőlény a végső öröm – a megvilágosodás – azon állapotában tartózkodik, ahol nincs szenvedés. Ez ellentéte annak, amikor féltékenyek vagyunk másokra, akik egyre magasabb szintű jólétre tesznek szert.

A negyedik mérhetetlen a „mérhetetlen elfogulatlanság". Mi az? Egy különleges egyenlőség-gondolat kialakítása az összes érzőlény iránt. Mivel egyformán pártatlanul viszonyulunk hozzájuk, azt kívánjuk: bárcsak mindannyian egyformán rendelkeznének azzal a boldogsággal és mentességgel a szenvedéstől, amelyen az első két mérhetetlen alkalmával meditáltunk. Ha azt gondoljuk magunkban: „legyen enyém minden, amit akarok, és ne legyen semmi olyasmim, amit nem akarok", vagy: „alakuljon számomra egy kicsit jobban, mint másoknak", akkor az megakadályozza az első két gondolat kialakulását. Ha mindenki iránt elfogulatlanok vagyunk, és ragaszkodásunk illetve idegenkedésünk folytán nem érezzük úgy, hogy valaki közelebb áll hozzánk, másvalaki pedig távolabb áll tőlünk, akkor azt „felmérhetetlen elfogulatlanságnak" hívják, melynek alapján a többi három gondolatot is teljesen ki lehet fejleszteni.

Kezdetben még nehéz felkeltenünk magunkban a négy mérhetetlen nagy mértékű gondolatait. Azok azonban lassan, fokozatosan megjelennek. Ha mindig arra gondolunk: „Milyen jó lenne, ha a négy mérhetetlen kialakulna bennem", akkor azok szép lassan ki is alakulnak. Olykor még felmerülhet azok ellentéte – a harag, féltékenység, és a többi –, és olykor még el is veszíthetjük a beléjük vetett hitünket. Ez nem baj. Csak gondoljuk továbbra is azt, hogy jó lesz kifejleszteni őket, és akkor szép lassan kialakulnak bennünk.

Ha gyakorlás közben azt gondoljuk: „tökéletes négy mérhetetlen gondolattal kell rendelkeznem mindenki iránt, egy csepp harag nélkül, egy csepp féltékenység nélkül, és így tovább, s ha ez nem következik be, akkor valami nincs rendben", akkor túl magasra állítjuk a mércét, és nehézkes lesz a gyakorlásunk. Van erről egy történet. Indiában volt egyszer egy ember, akinek a szomszédja egy kiállhatatlan természetű kutyát tartott. Ahányszor csak hazament vagy elment hazulról, a kutya fenyegetően vicsorgott rá, és meg akarta harapni. A kutya egyfolytában gonoszul viselkedett az emberrel szemben, ólálkodott a háza körül, és még be is próbált hatolni, hogy megharapja. Az ember kővel dobálta meg és bottal verte a kutyát, de a helyzet egyre csak mérgesedett. Az ember végül már nem tudta elviselni, és eldöntötte, hogy megoldja a helyzetet. Résnyire nyitotta a bejárati ajtót, hogy becsalogassa a kutyát. Aztán egypár igen súlyos tárgyat akasztott az ajtó fölé, hogy azok a kutyára essenek, amikor majd bejön. Miután így tett, leült és várta a kutyát. Egy idő után, hogy hasznosan töltse idejét, elkezdett imákat mormolni. Ahogy így imádkozott, eljutott a négy mérhetetlen gondolatig: „Édesanyáim, az összes érzőlény végtelen sokasága, mint a tér ..." Abbahagyta, és elgondolkodott: De hiszen a kutya is érzőlény! Akkor talán el kéne engednem a haragom és inkább a szerető jóságon és együttérzésen kellene meditálnom. Ám nem volt rá képes. Jó gondolatai elpárologtak, és újra mérges lett. Folytatta az imák mormolását, és eljutott addig a sorig, hogy „legyenek boldogok, legyen jó okuk rá, s szabaduljanak meg a szenvedéstől és annak okaitól". Ekkor megint kezdte kényelmetlenül érezni magát. Elvégre a kutya is érzőlény. Végül talált egy megoldást a problémára. Először úgy gondolta, hogy inkább abbahagyja az imádkozást, de aztán jobbat gondolt. Változtatott az ima szövegén, és így folytatta: „legyenek egyes érzőlények boldogok ..." Három órán keresztül mondogatta az imáit, de a kutya nem jött, ő pedig már meg is feledkezett róla. Amikor végzett, kedve szottyant sétálni egyet, úgyhogy kiment az ajtón. Az ajtó fölé függesztett nehéz dolgok a fejére estek és megrémítették. Micsoda??! — gondolta. Aztán rájött, mit történt. Megértette, hogy ha az ember rossz gondolatokat táplál és rossz dolgokat tesz, azok rossz viszont-következményekkel járnak. Erőteljes érzések uralkodtak el rajta, és attól kezdve másképp viszonyult a kutyához. "Igazi szerető jósággal és együttérzéssel kell gondolnom a kutyára, majd azokat kell gyakorolnom. Ha az ember az összes érzőlény boldogságát óhajtja, akkor nem elég azt csak egyeseknek kívánni" – gondolta. Ezzel az elhatározással a konyhába ment és készített a kutyának valami jó kis ennivalót, aztán odavitte neki. A kutya először épp oly ellenséges volt vele, mint azelőtt, de ahogy az ember továbbra is étellel kínálta és szépen beszélt vele, lassan egyre barátságosabban kezdett viselkedni. Már nem ugatta, nem harapta meg, és végül jó barátok lettek, úgyhogy az ember gondjai a kutyával kapcsolatban megoldódtak.

E történet jól szemlélteti, hogy is van ez. Biztos vagyok abban, hogy ha az ember ilyesvalamivel próbálkozik a saját életében, akkor rengeteg nehézséggel fog találkozni. Ha azonban a leírt módon gyakorlunk, akkor a végén minden jóra fordul. Van egy idézet a *Bódhiszatva viselkedésébe való bevezetés*ből, amely így hangzik:

> Ha igyekszel megbarátkozni valamivel,
> Akkor semmi sincs,
> Ami ne válna könnyűvé;
> Igyekezz megismerkedni ezzel![28]

Ha így teszünk, épp ahogy mondja, akkor minden könnyűvé válik. S ha ez bekövetkezik, akkor semmi sincs, ami ne lenne könnyű.

---

[28] ... a *bódhicsittá*val, mely másokat részesít előnyben önmagunkkal szemben.

3. Bódhicsitta, a megvilágosodás-tudat

A megvilágosodás-tudat eredeti szanszkrit elnevezése *bódhicsitta*. Benne a *bódhi* szó a megvilágosodásra, az igazán teljes buddhaság elérésére vonatkozik, a *csitta* pedig tudatot jelent. Az egész kifejezés jelentése: megvilágosodás-tudat.[29]

A megvilágosodás-tudatot többféle módon is osztályozhatjuk a célból, hogy jobban megérthessük. Az egyik módszer az, hogy két típusra osztjuk, melyeket „képzeletbeli megvilágosodástudatnak" és „szuper-tényleges megvilágosodás-tudatnak" nevezünk. A képzeletbeli olyan racionális elme, mely arra gondol: Minden érzőlényt a Buddha szintjére akarok eljuttatni. Ez a valóság képzeletbeli szintjén működik, azzal kapcsolatos. A szuper-tényleges túl van a racionális elmén; azon tényleges valóság szintjén működik, amely a képzeletbeli valóságnál magasabb rendű, s amely a tudat benső magvával áll kapcsolatban, melynek természete a megvilágosodás, s melyet *szugatagarbhá*nak is neveznek.

Abban az utasítási rendszerben, melyet „önmagunk és mások egyenlővé tételének és felcserélésének" neveznek, először egyenlőséget teremtünk önmagunk és a többi érzőlény között, majd felcseréljük velük magunkat a fent leírt módon. Az a természetes szerető jóság és együttérzés azonban, mely annak felismerése nyomán merül fel bennünk, hogy az összes érzőlény egyenlő velünk, általában nem elég erős. Továbbfejlesztésére ezért létezik egy „küldés-elvétel"[30] elnevezésű gyakorlat. A

---

[29] A jelentéssel kapcsolatos fontos megjegyzéseket lásd „megvilágosodás-tudat" címszó alatt a glosszáriumban!

[30] Tib. *gtong len*.

"küldés-elvétel" igen hatásos gyakorlat a szerető jóság és együttérzés kifejlesztésére az önmagunk másokkal való felcserélésének gondolatkörén belül. A "küldés és elvétel" gyakorlata egyfajta *samatha*-gyakorlat is egyben, mely a valóságba történő betekintés fő gyakorlatához tartozik. Így hát végzése nem csak a gyakorlat indítóoka, a *bódhicsitta* kialakítására való, hanem a valóságon történő meditációra is segít felkészülni.

A "küldés és elvételt" a ki- és belélegzés folyamatával hangoljuk össze. Először, miközben belélegzünk, elképzeljük, hogy az összes érzőlény kielégítetlensége, szenvedése, betegsége, fájdalma és tudati elhomályosulásai belénk szállnak egy sötét szín, például füst formájában. Gondoljuk el, hogy az összes érzőlény szenvedései belénk szálltak! Aztán, ahogy kilélegzünk, igen tiszta, fehér fény árad ki az orrlyukunkból, és az összes boldogságunkat, érdemünket, a Dharma gyakorlásából származó erényünket, életenergiánkat és jóságunkat továbbítja az összes érzőlénynek. Elképzeljük, hogy mindez beléjük szállt. Ezt végezzük egy ideig.

Ennek végzése nem betegít meg minket, s nem is okoz nekünk semmiféle zavart. Épp ellenkezőleg: saját életünk, érdemünk, bölcsességünk és egyéb kiváló tulajdonságaink mind gyarapodnak általa. Miért van ez? Nehézségeink és szenvedésünk legfőbb oka az önszeretetünk. Amikor csak az önszeretetünkhöz ragaszkodunk, az mindig bajt és szenvedést okoz nekünk. Amikor a küldés és elvétel gyakorlatát végezzük, mivel az ellentétes az önszeretetünkhöz való ragaszkodásunkkal, mindig az önszeretet ellentétét eredményezi.

Ha sikeresen végezzük e gyakorlatot, akkor végül általában felmerül bennünk a gondolat, hogy el kell érnünk a buddhaságot az érzőlények érdekében, mivel az a lehető leghatásosabb módszer a szenvedéseik eltávolítására és a boldogságra irányuló igényeik kielégítésére. Ha ilyesfajta gondolat jelenik meg bennünk, akkor felkeltettük az úgynevezett "képzeletbeli megvilágosodás-tudatot".

Olykor a megvilágosodás-tudat nem jelenik meg automatikusan a küldés és elvétel gyakorlatának végeztével, úgyhogy szándékosan kell azt felkeltenünk. Hogyan kell ezt tenni? Mindannak alapján, amit eddig kialakítottunk magunkban, gondolkodjunk ilyesféleképp: "Én egymagam vagyok, más érzőlények pedig sokan. Az egy és a sok közül melyik fontosabb? Én egyvalaki vagyok, aki boldogságra vágyik, nem pedig szenvedésre. Az összes érzőlény sok valaki, ők sokkal fontosabbak. Ezért minden egyes érzőlényt – mind a hatféle vándorló[31] mindegyikét, egyetlen kivétel nélkül – a Buddha szintjére kell juttatnom." E tudatállapot a képzeletbeli megvilágosodás-tudat. Vannak másféle gondolatmenetek is, amelyek ugyanehhez a tudatállapothoz vezetnek.

A képzeletbeli megvilágosodás-tudat is igen hatalmas tudat, igen tágas tudat. Hogy megszerezzük, ahhoz így kell gondolkodnunk: "Én magam fogok minden érzőlényt a Buddha szintjére juttatni." Hogy ezt tényleg meg tudjuk-e tenni, vagy nem, az természetesen más kérdés. Ez esetben azonban az a lényeg, hogy azt gondoljuk: Meg fogom tenni.

Manapság sokan azt mondják: a megvilágosodás-tudat az az elgondolás, hogy ne csak önmagamért tegyek meg valamit, hanem az összes érzőlényért. Ez azonban nem megvilágosodástudat. Ez az első két mérhetetlen – a mérhetetlen szerető jóság

---

[31] A "hatféle vándorló" (Tib. *'gro ba drug*) kifejezés a *szamszára* hat világának lakóira vonatkozik.

és a mérhetetlen együttérzés – gondolata, ám ezek önmagukban nem elegendőek a megvilágosodás-tudathoz. A képzeletbeli megvilágosodás-tudatnak két vonatkoztatási ponttal is kell rendelkeznie ahhoz, hogy tényleges *bódhicsitta* legyen. Az első az érzőlények: elménkkel kivétel nélkül az összes érzőlényt tekintetbe kell vennünk – nem csak általánosságban, hanem egyenként valamennyiüket. A második a buddhaság: elménkkel arra kell törekednünk, hogy azon érzőlények mindegyikét egy teljes, tökéletes buddha szintjére juttassuk. Ha szándékunk mindkettőt tartalmazza, akkor az képzeletbeli megvilágosodás-tudat.

Végül azt is igen fontos megjegyeznünk, hogy a szerető jóságot és együttérzést az ürességgel kell párosítani. Ha kifejlesztjük magunkban a szerető jóságot és együttérzést, de sok benne a ragaszkodás, akkor – mivel mindent szilárdnak és valósnak tekintünk – azzal csak fokozzuk a szenvedést. Ha azonban szerető jóságunk és együttérzésünk ürességgel párosul, akkor sosem fokozhatja a szenvedést, hanem mindig csak a szerető jóság és együttérzés mértékét fokozza. Ezért van az, hogy a megvilágosodás-tudat „egyenlősítés és felcserélés" általi kifejlesztéséről szóló utasítások a szuper-tényleges megvilágosodás-tudat kialakításával kezdődnek. Az egyenlősítésről és felcserélésről szóló tényleges utasítások szerint az embernek először a szuper-tényleges megvilágosodás-tudatot kell fejlesztenie egy kicsit, hogy megtörje az önmagához való ragaszkodás megszilárdulását. Ez hozza létre azt az igazi tudati tágasságot, melyre szükség van ahhoz, hogy az egyenlősítés és felcserélés, majd pedig a küldés és elvétel gyakorlata könnyedén és helyes módon menjen végbe, és a képzeletbeli megvilágosodás-tudat kifejlődésében csúcsosodjon ki.

Összegezve, bármilyen meditációs gyakorlatot is végzünk, először is mindig kezdjük menedékvétellel, majd azt követően keltsük fel magunkban a gondolatot: "E meditáció elvégzése azt a célt szolgálja, hogy a végtelen térben lakozó érzőlények mindegyike elérje a buddhaság rangját".

A FŐ GYAKORLAT

A VALÓSÁGBA TÖRTÉNŐ BETEKINTÉS KIFEJLESZTÉSE A *SAMATHA* ÉS *VIPASJANÁ* GYAKORLATOK RÉVÉN

A megvilágosodás-tudaton történő meditáció szabja meg azon ösvényre lépés szándékát, amelyen járni fogunk. Maga a megvilágosodás ösvényén való meditáció az, amely a létünk alapját, belső valóságunkat érinti, s ami azt egyre nyilvánvalóbbá teszi tapasztalásunkban. Több olyan meditáció is létezik, amely ezt a célt szolgálja, de minden buddhista jármű szerint, a legalacsonyabbtól a legmagasabbikig – a Nagy Beteljesedést és a Mahámudrát is beleértve –, az összes két fajtához tartozik: a *samathá*hoz és a *vipasjaná* hoz.

A megvilágosodás elérése érdekében betekintést kell nyernünk a valóság természetébe. A valóságba történő betekintést szanszkritul *vipasjaná* nak nevezik. A valóságot, melybe betekintést nyerünk, „ürességnek" hívják; ez a megtévesztő valóságok hiányára vonatkozik, mely maga a valóság. A *vipasjaná* egymagában azonban nem elég ahhoz, hogy meglássuk az ürességet; meg kell szilárdítani ahhoz, hogy tisztán lássa az üresség valóságát. Ezért szükség van egy olyan technikára, amely a szilárdságát biztosítja. Ezt egy olyan gyakorlat által érhetjük el, melynek segítségével a tudat nyugodtan időzik a tárgyon, és ezt *samathá*nak hívják, ami „nyugalomban időzést" jelent.

A kezdők elméje általában igen zilált, zabolátlan. Ez az elme nem túl hasznos, ha az ember valamit kezdeni akar a tudatával. Ezért, noha a valóságon történő tényleges meditációhoz a *samathá*ra és a *vipasjaná* ra együttesen van szükség, amikor elindulunk a meditáció ösvényén, először általában csak *samatha* gyakorlatot végzünk. A *samatha* gyakorlása egy olyan tudat kifejlesztését jelenti, amely képes nyugodtan és zavartalanul időzni tárgyán, s szilárdan, erőfeszítés nélkül képes megmaradni rajta. A *samatha* gyakorlásával kialakított tudatállapot jól használható. Alkalmas bármifajta egyéb meditáció, többek között a *vipasjaná* elvégzésére is, ezért a *samatha* az összes többi buddhista meditáció alapja.

A *samatha* szükségességét a *vipasjaná* gyakorlásához a hagyomány az alábbi hasonlattal szemlélteti. Az elmét olajlámpához lehet hasonlítani. Az olajlámpa tulajdonsága az, hogy megvilágítja a dolgokat; eloszlatja a sötétséget. Egy üres szobában elhelyezett olajlámpa az egész szobát bevilágíthatja és eloszlathatja a sötétséget. Ám ha a szoba huzatos, akkor a lámpa nem képes tökéletesen ellátni a feladatát. Ezért valamiféle védelmet kell biztosítanunk neki, hogy a szél ne fújhassa el a lángot. A tudat, hasonlóképpen, a megvilágítás képességével bír, mely ragyogó tudást idézhet elő. A közönséges emberek tudata azonban nem képes uralkodni magán és mindig összekuszálódik a külső tényezők miatt, így a megvilágításra való képessége nem tud eléggé érvényesülni. Ha a tudatot megóvjuk az elterelődésektől, akkor megvilágító tulajdonsága erőteljesen érvényre jut, és ragyogó tudást idéz elő. Az elmét úgy kell megóvni az elterelődéstől, hogy megtanítjuk szilárdan és nyugodtan időzni bármin, amire ráirányítjuk. Ha elménket megtanítjuk erre, akkor annak természetes megvilágító tulajdonsága egy olyan fényszóróvá válhat, amely igen tisztán világítja át a tudat valóságát. A gyakorlatot, mellyel a tudatot szilárd és nyugodt időzésre tanítjuk, a *samatha* vagy „nyugalmas időzés". A betekintés gyakorlatát pedig, amely a tudat megvilágító tulajdonságát használja fel, *vipasjaná* nak vagy „betekintésnek" nevezzük. Azért van szükség együttesen mindkét gyakorlatra, mert a *samatha* teszi az elmét olyan biztos és jól kezelhető eszközzé, mellyel a *vipasjaná* eredményesen fel tudja tárni a dolgok valóságát.

A valóságon történő meditáció különböző módjai

A *samatha* és *vipasjaná* gyakorlatait kétféleképpen közelíthetjük meg: úgy, ahogy a Buddha szokványos – vagy, mondhatni, exoterikus –, úgynevezett „szútra" tanításai közt szerepelnek; vagy úgy, ahogy a Buddha nem szokványos – vagy, mondhatni, ezoterikus –, úgynevezett „tantra" tanításai szerint gyakorolják.

A szútra tanítások igen fokozatos megközelítést tartalmaznak. Az ember itt először a *samathá*t fejleszti tökélyre. Ezzel az elme kezelhető válik, ami lehetővé teszi a *vipasjaná* kifejlesztését. A *vipasjaná* gyakorlata a valóság természetének logikai vizsgálatából áll. A *vipasjaná* gyakorlatot a *samathá*tól függetlenül is el lehet végezni, de a kettőt végül egyesíteni kell.

A tantra tanítások között fokozatos és nem fokozatos megközelítések is szerepelnek. A Mahámudrá tanításokban meglévő fokozatos megközelítések szerint az ember először a *samathá*t gyakorolja, de oly módon, hogy az természetes *vipasjaná* hoz vezessen, melyben a tudat felfedi önmagát. A kettőt ettől kezdve egységben kell gyakorolni. A Mahámudrá és Nagy Beteljesedés tanítások végső megközelítése szerint a *samathá*t és a *vipasjaná* t nem külön-külön kell kifejleszteni, a *vipasjaná* pedig nem logikai úton történő vizsgálódás, amely végül a valóság közvetlen észleléséhez vezet. Helyette a *guru* megmutatja az embernek a tudat természetét, mely magától, már eleve egységben lévő *samatha* és *vipasjaná*. A *samatha* és a *vipasjaná* gyakorlása nem a gyakorlatok lépésről lépésre történő kifejlesztésén alapszik, s nem függ a valóság logikai vizsgálatától. Helyette az embernek a saját tudata benső valóságát mutatják meg, és arra tanítják, hogyan pihenjen meg közvetlenül abban.

Jelen tanítások a szútra megközelítést emelik ki, majd némi utasítást adnak a Mahámudrá tanítások közül, s végül röviden a Nagy Beteljesülés végső megközelítését mutatják be.

A meditáció gyakorlása

A meditáció gyakorlásának módját az egyes gyakorlatok kulcspontjainak magyarázatával világítjuk meg. A meditáció gyakorlásához két sor kulcspontot kell megtanulnunk és begyakorolnunk: a test kulcspontjait és a tudat kulcspontjait.

E témák teszik ki a könyv fennmaradó részét. A test kulcspontjairól szóló fejezetben lényegre törően bemutatjuk, hogy milyen testhelyzetet kell felvenni meditáció közben. A tudat kulcspontjai azon utasításokat tartalmazzák, melyek követésével tudatunkat saját belső valóságunk — a tudat korábban említett talaja vagy megvilágosodott magva — nyilvánvalóvá tételére használhatjuk. A tudat összes kulcspontja a két gyakorlatról, a *samathá*ról és a *vipasjaná* ról szóló utasításokban foglalható össze. Mint korábban, ezeket taníthatjuk vagy a szútra ösvény szokványos utasításai, vagy a tantra ösvény nem szokványos, különleges utasításai szerint.

A FŐ GYAKORLAT

A TEST KULCSPONTJAI: A TESTTARTÁS

Tanítónk, a Buddha, azt mondta, hogy a test és a tudat olyan, mint a támaszték és a megtámasztott. Ebből következően azt is mondhatnánk, hogy a test és a tudat olyan, mint egy csésze és a benne levő víz. Mármost, ha a csészét megrázzuk, akkor a víz szanaszét löttyen, s hasonlóképpen: ha a testünket nem tartjuk megfelelően, akkor az elménk sem marad nyugton. A test kulcspontjai ezért a kezdő meditálók számára igen fontosak. Később, ha az ember már eleget gyakorolt ahhoz, hogy a testtel kapcsolatos szokásmintái megtisztuljanak, már nem lényeges figyelmet szentelni a test kulcspontjainak.

A testnek hét kulcspontja van: 1) A lábunkat felhúzva keresztbe tesszük, lehetőleg az úgynevezett *vadzsra-ászana* pozícióba. 2) Két kezünket ölünkben, egyensúlyi helyzetben nyugtatjuk, jobb tenyérrel a bal tetején. A másik lehetőség, hogy a kezünket a térdünkre helyezzük. 3) Két vállunkat egy vonalban tartjuk, a keselyű két szárnyához hasonló helyzetben. Ezt ne erőltessük túlzottan. 4) Az egyik legfontosabb: gerincünk olyan egyenes legyen, mint egy nyílvessző! 5) Az áll és a nyak: azt mondják, az állunkat egy kissé húzzuk be a nyakunk irányába. Itt valójában arról van szó, hogy a gerincünk felső, váll feletti részét is egyenesen kell tartanunk. Ha fejünket és nyakunkat úgy állítjuk be, hogy a gerincünk az aljától a tetejéig valóban egyenes legyen, akkor azt találjuk, hogy az állunk természetes módon, enyhén begörbül a nyakunk irányába. Az utasítás erre vonatkozik. 6) A száj és a nyelv elhelyezkedése: általánosságban, szájunk és állkapcsunk ellazítjuk. Szájunk nem zárva, hanem kissé nyitva tartjuk, hogy egy kis rés legyen a két ajkunk és a fogaink között[32]. Nyelvünk hegyét finoman a szájpadlásunkhoz érintjük. 7) A szem és a tekintet: szemünkkel tekinthetünk lefelé, egyenesen előre, vagy felfelé. Ha lefelé nézünk, akkor tekintetünk kissé lefelé irányul. Ha felfelé nézünk, az nem azt jelenti, hogy energikusan belemeredünk a térbe, vagy hogy a magasba tekintünk, hanem hogy finoman felfelé nézünk egy kicsit. Ha sokáig ülünk felfelé vagy lefelé néző tekintettel, és az fárasztóvá válik, akkor az egyikről a másikra válthatunk. Szemünket be is csukhatjuk, ha muszáj, de nem ajánlatos. Azért fontos, hogy a szemünket nyitva tartsuk gyakorlás közben, mert ha lehunyjuk, akkor a tudat megvilágító oldala nem fejlődik, s ráadásul olyan gondolatok és képek jelennek meg az elmében, amelyek különben nem jelennének meg benne, s melyekbe beleragadhatunk. Mindent egybevetve, szemünket tartsuk nyitva, s nézzünk a megszokott módon egyenesen előre.

E hét pontot a két legfontosabbikra lehet szűkíteni: egyenes gerinc és laza testtartás.

---

[32] A Nagy Beteljesedés tanításai között ráadásul még az is szerepel, hogy a lélegzetnek ezen a résen át kell áramolnia, nem pedig az orrlyukon át. Ez azonban igen különleges technika, és nem szabad alkalmazni, csak ha tanítónk adott rá utasítást.

A FŐ GYAKORLAT

A TUDAT KULCSPONTJA: A *SAMATHA*

A *samatha* gyakorlása a figyelemelterelődés ellenszere. A gyakorlat végzése két hasznos tudati tényező kialakításával jár. Az elsőt „figyelemnek", a másodikat pedig „éberségnek" nevezik. A figyelem a tudat képessége arra, hogy megmaradjon tárgyán. Az éberség olyan tudati képesség, mely észreveszi, ha a figyelem a tárgyról elterelődik. Ha a figyelem elterelődik, akkor az éberség tájékoztatja a tudatot arról, hogy elterelődés történt, s ez lehetővé teszi a figyelem újbóli megerősítését. A figyelem ilyekor újra megerősödik, és megint nyugton marad tárgyán.

A *samatha* kifejlesztéséhez figyelemre és éberségre egyaránt szükség van. Amikor e kettő elérte azt a fejlettségi szintet, hogy a tudat már igény szerint képes szilárdan, elterelődés nélkül időzni valamin, azt meditatív kiegyensúlyozottságnak nevezik, s az effajta kiegyensúlyozottság a *samatha* gyakorlás végcélja. A valóságba történő betekintés eléréséhez erre a meditatív tudatállapotra van szükség.

Kétfajta *samatha* gyakorlat létezik: vonatkoztatásos és vonatkoztatás nélküli. A vonatkoztatás nélküli *samathá*t leggyakrabban a Mahámudrá és a Nagy Beteljesedés Vadzsra Járművein használják. A szútra rendszer szokványosabb gyakorlataiban, melyek kezdők számára alkalmasabbak, a *samathá*t általában a vonatkoztatásos *samatha* formájában gyakorolják.

1. Vonatkoztatás nélküli samatha

A Mahámudrá és a Nagy Beteljesedés magasabb szintű meditációban az ember közvetlenül csak abban a tündöklésben pihen, amely önnön tudatának természete. Ez az egyesített *samatha* és *vipasjaná* gyakorlata. A *samatha* rész az, hogy közvetlenül pihen benne anélkül, hogy a tudaton kívül szüksége lenne bármi más tárgyra. A *vipasjaná* rész az, hogy a saját tudati valóságában tartózkodik, ténylegesen átlátva önnön tudata természetét. Ez esetben a *samatha* stílusa vonatkoztatás nélküli. A *samatha* gyakorlat szokványosabb megközelítései szerint az ember valamiféle tárgyat – például egy tudati vizualizációt – használ arra, hogy tudatát egyvalamire összpontosítsa; ezt nevezik vonatkoztatásos *samathá*nak. A vonatkoztatás nélküli *samathá*ban semmilyen különös tárgyat nem használ arra, hogy tudatát összpontosítsa, hanem csak magában a tudatban pihen. A Mahámudrá és a Nagy Beteljesedés magasabb szintű meditációiban a tudatban való összpontosult időzést „el nem terelődésnek" nevezik; azt pedig, hogy egyszerűen a saját tudati valóságunkat képező tündöklésben tartózkodunk anélkül, hogy létrehoznánk valamit, „nem-meditációs meditációs stílusnak" nevezik.

Ez az el nem terelődő, nem-meditációs meditációs stílus voltaképpen igen könnyű. Azért a világ legegyszerűbb dolga, mert voltaképpen nincs benne semmi tennivaló. Az emberek többségének azonban ez igen nehéz. Az emberek többsége fogalmilag kezd el gondolkodni a saját tudata természetén a meditáció közben, s ezzel elvonja figyelmét attól a valóságtól, melyben benne szeretne maradni. Eljátszadozik azzal, amin nem szükséges igazítani, és emiatt e meditációból – mely valójában rendkívül könnyű – valami nehéz dolgot csinál. Az emberek többségének tehát jobb olyan meditációs technikával kezdeni, amely nehéz. Mi az? A vonatkoztatásos *samatha*.

2. Vonatkoztatásos samatha

Mi az a vonatkoztatás, vagyis az a rajta kívül álló tárgy, melyre a tudat a meditáció alatt összpontosít? Sok minden lehet. A vonatkoztatásos *samatha* végzésének alapjául sokféle különböző tárgyat használnak. Jelen esetben egy olyan *samatha* gyakorlatot mutatunk be, melynek végzése során a hat érzékszerv tárgyait – a szemünkkel látható formákat, a fülünkkel halható hangokat, az orrunkkal érzékelhető szagokat, a nyelvünkkel érezhető ízeket, a testünkkel tapintható dolgokat, valamint a tudat tárgyát képező összes jelenséget – használjuk fel.

A hat érzékszerv tárgyai normális esetben elterelik a figyelmünket; miattuk merülnek fel a gyötrelmek, azok miatt pedig zavarodottság következik be. Ha nem léteznének érzékszervi tárgyak, akkor azok észlelője, az alany sem létezne, ugye?[33]

Amikor meditáció közben elterelődünk, akkor elsősorban ez a hatféle tárgy okozza az elterelődést. Ha ezeket a meditáció tárgyaivá változtatnánk, akkor azok a meditáció részeivé válnának, s így nem okoznának több problémát. Például, ha van egy ellenségünk, az azt jelenti, hogy valaki bántani akar minket,

---

[33] Ha nem lennének érzékelt tárgyak, akkor nem lenne azokat érzékelő tudat; az ilyen tudat egyszerűen megszűnne. Más szóval, ha a látszólag külső tárgyaktól megszabadulnánk, akkor az azokkal kapcsolatos kettős tudatosság is megszűnne. Ez kulcspontja a *Kagyü* iskola meditációs tanításainak.

s ezért egy erős testőrre van szükségünk, aki megvéd tőle. Emiatt aztán dulakodásra fog sor kerülni. Ez nehéz helyzet, ugye? Ha azonban az ellenségünkből barátot csinálunk, akkor nem lesz ellenségünk, így nem lesz szükségünk erős segítőtársra, és nem kell küzdenünk senkivel. Hasonlóképpen, ha a hatféle érzékszervi tárgyat a meditációnk segítőtársaivá változtatjuk, akkor nem lesz szükség ellenük védelemre, s azok többé nem ártanak nekünk.

Hogyan tehetjük tehát a hatféle tárgyat a meditáció segítőtársaivá? Többféle módszer is van rá; tehetjük például *samatha* meditáció, szerető jóság és együttérzés meditáció, üresség meditáció vagy tudat-lényegiség meditáció segítségével. Jelen esetben a *samatha*-féle megközelítést fogjuk elmagyarázni.

Mi a *samatha* lényege? A figyelem. Azt mondhatnánk, hogy ha van figyelem, akkor van *samatha*; ha nincs, akkor nincs *samatha*. Így lehet különbséget tenni a *samatha* jelenléte és hiánya között; nem pedig aszerint, hogy fellépnek-e meditáció közben diszkurzív gondolatok, vagy sem. Így tehát a *samatha* gyakorlatban a figyelem a leglényegesebb. Ha van figyelem, akkor az az összes érzékszervi tárgyat a meditáció tárgyává változtatja.

Ha a figyelem a meditáció tárgyává változtatja az érzékszervi tárgyakat, akkor az azt jelenti, hogy a *samathá*tól elterelő, ártalmas ellenségből annak ellentétévé, a *samatha* segítőtársaivá változtatja azokat. Hogyan válnak a tárgyak a *samatha* segítőtársaivá? Úgy, hogy a figyelmet kiterjesztjük a hatféle érzékszervi tárgyra, s összekapcsoljuk azokkal.

A figyelem az elsődleges ok vagy eszköz, mely által az ember önnön tudatának természetes adottságai vagy benső minőségei kibontakozhatnak. A tudat természetes adottságai, illetve benső kvalitásai pillanatnyilag nem egészen nyilvánvalók. Ezeket alapvetően a figyelem révén lehet nyilvánvalóvá tenni. Hogy hozzunk egy példát: az emberi testben rengeteg természetes adottság rejlik, ám azok csak akkor nyilvánulnak meg, ha fizikai gyakorlatokat, edzéseket folytatunk. A testtel kapcsolatos gondok enyhítésére olyan ideiglenes módszereket is alkalmazhatunk, mint a gyógyszerszedés, ám ezek általában újabb problémákhoz vezetnek. A szívgyógyszer szedése például alkalmasint tüdőbaj kialakulásához vezethet. Ha azonban jól megeddzük a testünk, akkor az összes ilyesfajta problémától megszabadulunk, ráadásul azok a jövőben sem jelennek meg. Hasonlóképp: ha kifejlesztjük a figyelmet, az javít e jelenlegi életünk minőségén, végső soron pedig megvilágosodáshoz vezet. Mint a testtel, úgy a tudattal kapcsolatos átmeneti problémák megoldására is alkalmazhatunk valamiféle ideiglenes módszert – például elmehetünk táncolni, hogy felvidítsuk magunk –, ám ezek valójában semmit sem oldanak meg, legfeljebb ideiglenesen. A figyelem a gyökér, melyből a tudat természetes adottságai, benső kvalitásai kisarjadhatnak, és végső soron teljes megvilágosodásban nyilvánulhatnak meg.

A figyelem kialakításának egyik módja az, hogy a hatféle érzékszervi tárgyat használjuk fel kifejlesztése alapjául. Az ilyesfajta gyakorlat vonatkoztatásos *samatha*; vonatkoztatási pontja pedig a hatféle érzékszervi tárgy.

1. Odafigyelés a látható formákra

Melyek a szem tárgyai? A szem kétfajta dolgot érzékel: látható formákat és színeket. Nem hall hangokat, nem érez szagokat, ízeket, sem egyebet. Ennek megfelelően a szem érzékszervi tárgyait – a látható formákat és színeket – mindig csak a szem érzékeli, mely látja azokat. Amikor a szem látja érzékszervi tárgyait, és azzal együtt a tudat is megismeri azokat, vagyis odafigyel rájuk, akkor a szemünkkel látott formák és színek a meditáció támasztékaivá válhatnak. Ehhez arra van szükség, hogy a szem lássa a tárgyát, és azzal együtt a tudat is érzékelje azt. Ha például egy órán át a saját kezünket néznénk, és semmi sem állna a szemünk és a kezünk közé, akkor a szemünk azon az egy órán keresztül csak a kezünket látná. Az azonban igen valószínűtlen, hogy a tudatunk ezalatt szintén végig a kezünket látná. A tudati figyelem csak azokban a pillanatokban van jelen, amikor a tudatunk is látja a kezünket. Az idő többi részében a tudatunk valahol máshol jár, s a látás érzékszervi tárgyát olyankor nem kísérjük figyelemmel.

A látható formákat meditációs támasztékként használó meditációhoz legjobb, ha egy apró tárgyat – például egy virágot – helyezünk magunk elé, és azt nézzük. Amikor ránézünk a virágra, a tudatunk kezdetben ott marad vele, ám aztán máshová kalandozik. Amikor elkalandozik, mi pedig észrevettük, hogy elkalandozott, akkor nézzünk rá újra a virágra a szemünkkel és a tudatunkkal! Ha ezt többször megismételjük, akkor a tudatunk zavartalanabbá válik, a diszkurzív gondolatok és gyötrelmek pedig csillapodnak. Longcsen Rabdzsam mondta erről *Az elmélyedésben való megnyugvás trilógiájá*ban:

> Egy vonatkoztatás támasztékán időzve
> Létrejön a vonatkoztatás-nélküliség;
> Egy vonatkoztatásra támaszkodva
> Létrehozhatjuk a nem-vonatkoztatást.

Ez azt jelenti, hogy ha van vonatkoztatásunk, vagyis ha egy vonatkoztatásra támaszkodunk, az elménk megszelídül. Ha az elme megszelídül, akkor a diszkurzív gondolatok maguktól lecsillapodnak.

Általánosságban szólva, mióta csak a körkörös létezésben forgolódunk – azaz időtlen időktől egész mostanáig – elménk egyfolytában az észlelt tárgy és az észlelő tudat kettősségei közt működött. Ebben az időpontban az észlelt tárgyat a figyelem kifejlesztésére használjuk fel, ami később az észlelt tárgy, s ennél fogva az észlelő tudat felülmúlásához is hozzásegít minket. Miért van ez? Időtlen időktől kezdve egész mostanáig, elménk a tudatosság által megismert tárgyakkal, valamint azok szubjektív tudatosságaival foglalkozott, továbbá az alanyi-tárgyi megismerés viszonylatában működő tudatnak soha sem volt hatalma önmaga felett. A meditáció megoldást kínál az ilyenfajta, irányíthatatlanná vált tudat problémáira, s az ilyen típusú tudat két oldala – a tárgy és az alany – közül legkönnyebb olyan meditációval kezdeni, amely a tárggyal foglalkozik. Kezdetben a tudatosság tárgyait használjuk fel a figyelem kifejlesztésére. Onnan kezdve aztán egészen addig folytathatjuk a meditációt, amíg el nem hagyjuk e kettős tudattípust.

A. E meditáció végzéséhez először is pihentessük meg elménket, azután nézzünk folyamatosan egy látható formát! Miközben ezt a gyakorlatot végezzük, szemünk többnyire nyugtalanná válik. Ráadásul még három dolog következhet be. Először is meglehet, hogy nem tudunk elég élesen fókuszálni, és a tárgyról két képet látunk. Másodszor, a tárgy elsötétülhet és elhomályosodhat. Harmadszor, a tárgy ide-oda mozoghat a látómezőben. Ezek nem hibák. Normális, ha fáj a szemünk, hiszen általában nem bámulunk sokáig egy valamit; ha pedig igen, akkor megfájdul a szemünk. Az is előfordulhat, hogy kettős látásunk lesz, ám amíg az elménk tud róla, vagyis amíg figyelemmel kísérjük, addig nincs semmi baj. Ha a tárgy elsötétül vagy kivehetetlenné válik, akkor sincs semmi baj addig, amíg az elménk ott marad vele.

B. Most pedig lássuk e meditáció másodikféle megközelítését! Az első megközelítés alkalmával egy adott látható tárgy alapján végeztük a meditációt. E második megközelítés során nem egy megadott tárgyat használunk, hanem lehetővé tesszük, hogy minden, ami a szemünk előtt megjelenik, a meditáció alapjául szolgáljon. Ehhez először is pihentetnünk kell az elménket, majd rajta kell nyugtatnunk mindenen, amit csak a szemünk megpillant. Miközben ezt végezzük, mint korábban, most sem kell gondolnunk semmire. Gyakorlás közben előfordulhat, hogy egy-egy látható tárgyat nem veszünk észre, ám ez nem számít. Ilyen esetekben, ha végig figyelemmel tudjuk kísérni a folyamatot, a meditáció nem szakad meg, a tudat természetes elnyugvása pedig bekövetkezik.

Miközben a nézéssel kapcsolatos, fent leírt gyakorlatokkal foglalkozunk, a szemünk megfájdulhat. Ha ez következik be, akkor figyelmünkkel a fájdalmas érzést is követhetjük, a látható tárgyak helyett. Ha ezt tesszük, azzal átváltunk a hat érzékszervi tárgy közül az ötödiken: a testi érzeteken való meditációra.

Amikor ezt a második fajta gyakorlatot végezzük, ha képesek vagyunk megmaradni egyetlen, a szemünk előtt megjelenő tárgy mellett, az jó, de az ember általában egyetlen tárgy mellett sem képes túl sokáig megmaradni. Az elme hajlamos úgy viselkedni, mint egy béka: egy darabig egy látható tárgyon marad, aztán átugrik egy másikra, melyen megint időzik egy kicsit, mielőtt megint egy másikra ugorna, és így tovább. Amíg azonban a figyelmünk rajta marad, addig bárhová is megy, nincs semmi baj. Ha erre képesek vagyunk, akkor a meditáció alapjában véve remekül halad, s emiatt annak meg is lesz az eredménye.

A meditációnak ez a fajtája, melyben a tudatot egy érzékszervi tárggyal kapcsoljuk össze, mindenkinek használ, aki még nem lett úrrá a figyelemelterelődéseken. Azoknak, akik már meditálni kezdtek, hasznos módszer lehet a már elsajátított meditáció minőségének javítására. Akik viszont már eléggé jártasak a meditációban ahhoz, hogy szinte egyáltalán ne terelődjenek el, azok számára nem használatos.

2. Odafigyelés a hangokra

A látható formák esetében a tudatot ama látható formákkal kapcsoljuk össze, melyek a szemünk előtt megjelennek, s ezáltal a látható forma az el nem terelődés kifejlesztésének támaszává válik. Jelen esetben, ehhez hasonlóan, a fül hallgatja a hangokat, a tudat pedig azzal a hanggal kapcsolódik össze, amelyet éppen hallunk. Ha több különböző hangot hallunk, nem kell közülük csak egyet kísérnünk figyelemmel; mindig csak az éppen hallott hanggal kapcsoljuk össze a tudatunkat, s az elég lesz. Ennek végzéséhez először nyugtassuk le az elménket, mint korábban, majd figyeljünk oda a hangokra! Ha túl erősen próbálkozunk, akkor nem fog sikerülni. Annyira görcsösen igyekszünk odafigyelni a hangokra, hogy nem vagyunk képesek végezni a gyakorlatot. Ha ezt tapasztaljuk, akkor igyekezzünk szándékosan nem odafigyelni a hangokra, s ez általában beválik. Az utasítás valójában úgy szól, hogy figyeljünk oda a hangokra, de akikben túl sok a feszültség, azoknak úgy módosíthatjuk, hogy „ne figyeljenek oda". Ezzel azt akarjuk mondani, hogy ők csak üljenek nyugodtan, és engedjék magukhoz jönni a hangokat ahelyett, hogy szándékosan igyekeznének odahallgatni azokra.

Ha a két eddig bemutatott gyakorlatot végezzük, azzal minden látható formát és színt, valamint minden egyes hangot a meditáció segítőtársává változtathatunk. Vessük ezt össze azzal az emberrel, aki azt hiszi, azért kell meditálnia, hogy békét és nyugalmat leljen magának, de nem ismeri sem a tényleges meditációs eljárásokat, sem a meditáció jelentését! Az ilyen emberek számára a meditáció a világtól való visszavonulás, az pedig - végső értelemben szólva - nem működhet. Nekik minden hang és látható mozgás nyugtalanságot okoz, mely véget vet a meditációjuknak. Azok számára azonban, akik az itt bemutatott meditációt gyakorolják, e dolgok a meditáció segítőtársaivá válnak.

3. Odafigyelés a szagokra

Ha már tudjuk, hogyan végezzük a meditációt a látványokkal és a hangokkal kapcsolatban, akkor a szagokkal történő meditáció már könnyen fog menni. Ehhez minden olyan szagot felhasználhatunk, amely az orrunkat megcsapja. Lehet kellemes, kellemetlen, egyetlen szag, vagy több szag keveréke; de bármi legyen is, a tudatot össze kell kapcsolnunk a szag érzékelésével.

4. Odafigyelés az ízekre

A következő lépés a tudat összekapcsolása az ízekkel. Itt megint ugyanarról van szó, mint az eddigiekben. Bármilyen ízt is érzünk - kellemest, kellemetlent, savast, keserűt, és így tovább - éppen azt használjuk fel a meditáció alapjául.

5. Odafigyelés a testi érzetekre

A következő lépés a tudat összekapcsolása az úgynevezett testi érzetekkel vagy érintésekkel. Ismételten: amilyen érzet csak a testünkben megjelenik, azt használjuk fel a meditáció alapjául, legyen az akár durvaság, simaság, súlyosság, hideg, forróság, hátfájás, fejfájás, térdfájás, vagy bármi más.

Mivel az érzékletek hasznosak lesznek a figyelem kifejlesztése szempontjából, mindegyikük - akár jónak, akár rossznak, fájdalmasnak, vagy bármi másnak is tekintjük normális esetben - tulajdonképpen jó. Például, ha fogfájásunk van, nem tudjuk távol tartani tőle a figyelmünket, hanem mindig azon jár az eszünk. Megpróbálhatjuk valahogyan - például filmnézéssel, vagy egy szép parkban tett sétával - elterelni róla a figyelmünket, de elménkben mindig újra és újra visszatérünk a fájdalomra. Pedig a gondolat, hogy "fáj a fogam", csak erősíti a fogfájást, és még szilárdabbá teszi azt. Hasonlóképpen: a "beteg vagyok" gondolata és hasonlók csak hozzájárulnak a betegség megszilárdításához, bármi legyen is az. Az olyan, rákövetkező gondolatok pedig, mint például: "ez a fájdalom (betegség, stb.) nem jó", csak arra szolgálnak, hogy még tovább fokozzák a fájdalom vagy betegség érzetét. Olyanok, mint a szél, mely felszítja a tüzet, és az még jobban fellángol. Minél több van belőlük, annál rosszabb; ahogy a tűz is annál jobban lángol, minél erősebb a szél. Az olyasfajta gondolatmenetek tehát, mint például: "Beteg vagyok, ez a betegség nem jó, árt nekem. Mikor gyógyulok meg belőle?" és így tovább, a tényleges betegség legfőbb segítőtársai.

Ahelyett, hogy megengednénk, hogy ilyesfajta gondolatok fakadjanak a betegség, kényelmetlenség és más hasonlók okozta fájdalmakból, inkább magukkal a fájdalmakkal kapcsoljuk össze a tudatunkat! Amikor tényleges fájdalmunk vagy kényelmetlen érzésünk van, csak magára az érzésre tekintsünk; irányítsuk rá a figyelmünket! Ez által azt is ugyanúgy a meditáció segítőtársává változtathatjuk, ahogy korábban már elmondtuk a szem érzékleteivel és a többivel kapcsolatban.

Ráadásul, mivel az ilyesfajta gondolatok csak még több bajt okoznak, a betegségeket és kényelmetlenségeket másképp is megközelíthetjük. Gondolkodjunk róluk ilyesféleképpen: "Ha beteg vagyok, beteg vagyok. Beveszem a gyógyszert, s ha használ, akkor használ." Aztán, ha a gyógyszer nem segít, annyiban hagyjuk, s így gondolkodunk: "A gyógyszer nem használt. Megtettem, amit lehetett, s ez ennyi volt. Semmi mást nem tehetek. Rendben, akkor nem is érdemes tovább gyötrődnöm ezen."

6. Odafigyelés az elmére

Az utolsó lehetőség a tudat összekapcsolása az elme tartalmaival. A meditáció tárgya akármi is lehet, ami a tudatban felmerül. Például – hogy folytassuk a betegségről vagy fájdalmas problémákról szóló, fenti fejtegetést – a tudat hajlamos rá, hogy mindig újra visszatérjen a fájdalomérzetre. Emiatt, ha elménket a fájdalmas érzésekkel kapcsoljuk össze, az igen jó lehetőség a figyelem erősítésére. Ráadásul a kényelmetlenséggel vagy betegséggel kapcsolatos, fölösleges gondolatok is tovatűnnek. Meglehet, hogy a fizikai fájdalom fennmarad, és az azzal kapcsolatos kellemetlen érzések is a tudatban maradnak – bár egyes esetekben az egyik vagy akár mindkettő is elmúlhat –, de azok a felesleges gondolatok, melyek szorongást keltenek, mindenképpen elmaradnak. Ha az ilyesfajta gondolatoktól megszabadulunk, akár még a fizikai fájdalomérzet ellenére is boldogok lehetünk. Mivel alapvető természetünk örömteli gondtalanság, e mélységes boldogság akár még a fizikai fájdalommal is párosulhat, ha felhagyunk a lelki gyötrődéssel. Tehát, ha fájdalmunk vagy más kényelmetlen érzetünk van, előszöt nyugtassuk le az elménket, majd tekintsünk rá a tapasztalt fizikai érzetekre és az azokat kísérő belső érzésekre, és tartsuk rajtuk a figyelmünket!

A figyelem kifejlsztése a hat érzékszervi tárgy segítségével: összefoglalás

A hat érzékszervi tárgy közül melyik a legalkalmasabb e gyakorlat végzésére? Bármelyikük és mindegyikük hasznos. Az egyes ember számára az az érzékszervi tárgy használható fel a gyakorlathoz, amely épp tiszta az adott pillanatban. Egyesek számára a látvány a legkönnyebb, másoknak a hangok, és így tovább. Azt használjuk, amelyiket a legkönnyebbnek találjuk!

Mondjuk, éppen a hangokat figyeljük. Fájdalmunk van. Azt gondoljuk magunkban: „A hangokra figyelek. A fájdalom nem jó. Nem szabad odafigyelnem a fájdalomra. A hangokra kell figyelnem." A figyelmünk azonban ettől még inkább a fájdalomra irányul, s esetleg úgy gondoljuk: „Ez a fájdalom tönkreteszi a meditációm." Ha ilyesvalami következik be, akkor még nem fogtuk fel e meditációtípus kulcspontjait. Ha felfogjuk azokat, akkor megértjük, hogy mindent a meditáció segítőtársává lehet változtatni. A kulcspont ez esetben az, hogy maga az elterelődés lesz az eszköz, mellyel a figyelmünket fejleszthetjük. Az elterelődéssel tehát semmi baj sincs, amíg az a figyelem okává válik. Ha ezt jól megértjük, akkor mindent a meditáció segítőtársává változtathatunk. Akkor pedig bárhol is vagyunk, mindig boldogok lehetünk. Bármi is merül fel bennünk, semmit sem tekintünk akadálynak, hanem minden a segítőtársunkként jelentkezik, s mindent az öröm ékességének látunk. És igazán tágas tudatunk lesz.

Például: meditálunk és közben valamilyen hangot hallunk. Ha azt gondoljuk, ez a hang jó, s emiatt úgy döntünk, hogy abbahagyjuk a meditációt, az azt jelzi, hogy nem értettük meg e meditáció kulcspontjait. Ha azonban megértettük az itt bemutatott módszert, akkor az adott hang a meditáció segítőtársává válhat. Ha annak ismerjük föl, akkor a hangokat egyre tisztábban fogjuk hallani. Így aztán, ha meditációnk közben hangokat hallunk, akkor azokkal kapcsolhatjuk össze a tudatunkat, s akkor bármilyen hangot is hallunk, egy sem zavar minket. Ha százezer hangot hallunk, akkor százezer segítője lesz a gyakorlatunknak. Így aztán, amikor meditációs ülésünk közben hangokat hallunk, nem kell azt gondolunk, hogy a hang megzavar minket a meditációban. Ha így gondolkodunk, akkor nem értettük meg a meditáció kulcspontját, s akkor bárhol is vagyunk, meditációnkat mindig megzavarhatják a hangok. Tegyük fel, hogy egy nagyvárosban meditálunk, mely tele van zajos gépjárművekkel, taxikkal, építkezési munkálatokkal, és hasonlókkal. Nem tudjuk, hogyan építsük be a hangokat a gyakorlatunkba, és őrületbe kergetjük magunk a gondolattal, hogy a hangok mindig megzavarnak minket a meditálásban. Azt hisszük, a hely nem meditációra való, és egy elszigetelt, hegyvidéki helyre vonulunk vissza. Ám amikor odaérünk, rájövünk, hogy ott mindenféle egyéb hangok vannak: kis állatok, a szél, a fák, és sok más egyéb hangja. Ezért úgy döntünk, hogy az sem jó hely meditációra, és megint máshová költözünk. Az effajta viselkedés mutatja, miért mondta a Buddha, hogy az elme egy majomhoz hasonló. A majmok képtelenek egy helyben ülni, s emiatt egy csomó felesleges bajt okoznak. Amikor nincs baj, ők bajt okoznak. Az elme is mindig bajt okoz, amikor nincs semmi baj. Először csak apró problémákat gyárt, de miután kapaszkodik és gúzsba köti magát, később egyre több galibát okoz. Tehát mindaz az aggodalom, amely a meditáció kulcspontjainak meg nem értéséből fakadhat, egyszerűen értelmetlen. Vagyis mindenki önmagának gyártja a saját problémáit. Ugyanakkor mindezek csak az elme képzelődései; a kapaszkodásból és az abból következő zaklatottságból származnak.

3. A samatha kifejlesztésének lépései

Ha gyakorolni kezdjük a *samatha* meditációt, tudatunk lassan egyre tovább fog időzni. A Mahámudrá utasításokban az időzésre való képesség javulását három, egyre finomabb időzési szinten tanítják: Az első szintet „a hegy oldalán lezúduló vízeséshez hasonló időzésnek" nevezik. Legelőször, amikor meditációt gyakorlunk, még nem sok mindent veszünk észre a tudatban; olyan, mintha semmi sem történne. Nemsokára azonban, ha egy kis ideig gyakorlunk, kezdjük észrevenni, hogy rengeteg diszkurzív gondolat folyik benne mindenfelé, s úgy tűnik, ahogy folytatjuk a gyakorlást, ezek mennyisége egyre csak növekszik. A gondolatok száma valójában nem gyarapszik, csak éppen most már észrevesszük őket, mivel meditációnk felerősítette a tudat megvilágító sajátságát. Például: ha egy folyót figyelünk, amely teli van hallal, ám egyszersmind igen szennyezett, akkor a halakat nem látjuk. Ha azonban a folyó tisztulni kezd, akkor annál több halat pillantunk meg, minél kevesebb lesz benne a szennyeződés. Nem a halak számának megváltozása, hanem a víz tisztulása tette lehetővé, hogy a benne lévő halakat egyre jobban láthassuk. Ha ekkor azt gondoljuk, hogy e csapongó gondolkodás nem jó, és megpróbáljuk leállítani, akkor a gondolatok annál inkább csapongni kezdenek, és a tudat természetes képessége a megnyugvásra nem tud felszínre törni. Így aztán nem kell nyugtalankodni a diszkurzív gondolatok miatt, melyeket felfedezünk. Inkább meditáljunk tovább, és így egy idő után észrevesszük, hogy olykor elterelődünk, máskor pedig nem, és kezdjük megismerni a különbséget az elterelődés és az el nem terelődés között. Ha folytatjuk, az el nem terelődés egyre erősödik. Ahogy a gyakorlást folytatjuk, átmegyünk az időzés középső és végső szintjein, melyeket „egy szelíden hullámzó folyóhoz hasonló időzésnek", illetve „az óceánhoz hasonló időzésnek" neveznek. A második szinten az elterelődés és az el nem terelődés is jelen van, de az utóbbi már megerősödött. Az utolsó fokozaton a diszkurzív gondolatok vagy felmerülnek, vagy nem; ha felmerülnek, akkor azonnal visszatérnek az óceánba anélkül, hogy megzavarnák az időzést. Az el nem terelődés ettől kezdve folyamatos.³⁴

4. Durva és síma tapasztalatok az út során

Az így végzett meditáció különféle tapasztalatokat idéz elő. Összességében a meditációban tapasztalható, különböző élmények látszólag vagy összhangban vannak a meditációval, vagy nincsenek azzal összhangban. Az előbbieket „sima tapasztalatoknak", az utóbbiakat „durva tapasztalatoknak" nevezzük.

A sima tapasztalatok olyan élmények, melyek látszólag mintha fontosak lennének, illetve akár a meditáció céljainak is tűnhetnek. Emiatt könnyen végeredménynek tekinthetjük őket, ami mellékvágányra terelhet – pedig ezek csak átmeneti élmények, nem véglegesek. Mindezen átmeneti élmények különféle változatai összesen három csoportba sorolhatók: gyönyör, világosság (avagy tündöklés) és gondolatmentesség. A gyönyör élménye az, hogy testünk és tudatunk is igen könnyeddé, gondtalanná, kellemes érzésekkel telivé válik. Amikor ez az élmény igen erős formában jelentkezik, akkor minden felmerülő tapasztalat gyönyörteli. A világosság élménye az, hogy minden rendkívül tisztán jelenik meg az elmében. A gondolatmentesség élménye pedig az, hogy az egész diszkurzív gondolkodás egy időre leáll, és ez igen üres érzéssel jár együtt. Mindhárom élmény magától jön és távozik; olykor pedig kettő, vagy akár mindhárom is jelentkezhet együttesen. Valamikor igen erős, máskor csak gyengébb formában jelennek meg. Ha kettő együtt merül fel, akkor az egyik lehet erős, a másik gyenge; lehet mindkettő gyenge, vagy mindkettő erős, és így tovább. Ezek a meditáció következtében merülnek fel, de nincs megszabva, hogy mikor jönnek, mikor nem. Olykor egyikük, máskor

---

³⁴ Más szóval, kifejlődött a tökéletes *samatha*.

másikuk jelenik meg. A kulcspont az, hogy ezek csupán átmeneti élmények, vagyis önmagukban nem elérendő célok. Ha túl fontosnak tartjuk őket, és kötődünk hozzájuk, akkor akadályozzák a meditáció további fejlődését. Az ezekkel kapcsolatos utasítás ezért így szól:

> Egyrészt ne utasítsd el azokat, másrészt ne kötődj hozzájuk!

A durva tapasztalatok különféle élmények, melyek – akár meditáció közben, akár azon kívül – kedvezőtlennek tűnnek. A meditációs ülés közben jelentkező durva tapasztalatok kétféle élményben foglalhatók össze: elmerülés és izgatottság.

Az „elmerülés" olyan helyzetre vonatkozik, melyben a tudat alámerül és eltompul. Ide tartozik az, ha az elme fásulttá és közömbössé válik, ha elalszik, vagy, ha nem is alszik el, bezárul, és igen nehéz felfogású lesz. Az elmerülés azért következik be, mert a tudat megvilágító képessége lecsökken, ezért azt e tényező hiányával is szokták azonosítani. Az „izgatottság" az, amikor az elmében diszkurzív gondolatok jelennek meg. Ez attól kezdve, hogy egyetlen, igen apró gondolat merül fel és kissé megzavarja a meditációt, egészen az igen erőteljes gondolatokig terjed, melyek olyan féktelenül rohangálnak, hogy teljesen összezavarják az ember elméjét, és már azt sem tudja, meditál-e vagy sem.

Mindezek az átmeneti élmények – mind a simák, mind a durvák – megjelennek azok tapasztalatában, akik meditálnak. Mindkét típus jó – abból a szempontból, hogy a meditációt jelzik; jelek, melyek a meditáció gyakorlásából fakadnak. Ha mérlegre tennénk őket, azt találnánk, hogy egyformák: mindkettő jó. A durvák nem kellemesek, ezért azokat hajlamosak vagyunk rossznak tekinteni; a simák pedig kellemesek, ezért azokat pedig inkább jónak szoktuk tekinteni. Valójában azonban mindkét típus hasznos a meditáció szempontjából. Ezért inkább így kell megközelíteni őket: ne kapaszkodjunk a sima tapasztalatokba, és ne szegüljünk ellene a durva tapasztalatoknak!

A FŐ GYAKORLAT

A TUDAT KULCSPONTJA: A *VIPASJANÁ*
A KÉTFAJTA VALÓSÁG ÉS AZ ÜRESSÉG

A Magasztos Buddha egész dharma-tanításának két aspektusa van, melyeket szanszkritul *upájá*nak és *pradnyá*nak, magyarul pedig módszernek és értelemnek nevezünk. Az eddig bemutatott gyakorlatok olyan módszerek, amelyek támogatják az értelem, avagy *pradnyá* alkalmazását a valóság vizsgálatára. Most pedig rátérünk a „betekintés" magyarázatára, melynek során a tudat értelmi képességét vagy *pradnyá*ját a valóság vizsgálatára használjuk fel.

1. Mí a pradnyá?

A *pradnyá* az elme azon kritikai képessége, mely igen pontosan meg tudja határozni, hogy valami ilyen vagy olyan. Maga a szó „egy jobb megismerőt" jelent: olyan tudatot, amely a valós helyzetet ismeri meg, ahogy az valójában van. Olyasfajta elméről van szó, melyet bármely adott helyzet valóságának a megismerésére fel lehet használni. A buddhista tradícióban a *pradnyá*t kifejezetten arra használják fel, hogy véget vessenek ama tévedésnek, mely a helyzet igazságának megismerését gátolja. Különféle szintű tévedések vannak, melyek egészen ama alapvető tudatlanságig terjednek, hogy az embereket és a jelenségeket valós létezőknek képzeljük. A tévedések minden egyes szintje előidéz egy félreértést a tekintetben, ahogyan a világot észleljük. A buddhizmusban a *pradnyá*t a tévesen észlelt valóság összes szintjének vizsgálatára és a tényleges helyzet, a tényleges valóság megállapítására használják.

2. A valóság két szintje

A Buddha rámutatott, hogy amit általában elménk vélünk, az egy meglehetősen összetett folyamat, amely alapvetően hibás. A tudatlanság egy alapvető típusából származik. Ez az úgynevezett „tudatlanság" minden dolgot és lényt valósnak vesz. Nem vesz tudomást a valódi helyzetről, ezért nem látja azt, hogy a dolgok és a lények nem valósak. Ha ez a fajta tudatlanság beköszönt, az ebből származó tudat mindent úgy lát, mint „ezt" és „azt" a megszilárdult dolgot. Ez egy kettős tudattípus. A kettősségben működő tudat másik elnevezése: racionális elme. Nevét onnan kapta, hogy mindent az „ez és az" szempontjából tekint és ismer meg. A „racionális elme" igen fontos szakkifejezés. Arra a tudatra vonatkozik, amely az összes hibát kelti, és fenntartja az összes kettősséget, miután az alapvető tudatlanság bekövetkezett.

A kettős tudat nem helyesen fogja fel az általa észlelt tárgy valóságát. Nem úgy látja azt, ahogy van, hanem mintha szilárd valósággal rendelkezne. A dolgok szilárd valóságtartalmának felfogását „a dolgokban rejlő valóság megragadásának" nevezik. A „valóság" itt nem a tényleges valóságot jelenti, hanem olyanfajta létezést, amely meg van szilárdítva; mely úgy tűnik, mintha valóban és igazán lenne, holott nincs.

A lények tehát, akik az alapvető tudatlanság uralma alatt vannak, nem látják, hogy ténylegesen mi a helyzet. Amit látnak, az egy képzeletbeli helyzet, melyet a tudatlanság és az azzal járó racionális tevékenység hozott létre. Ők azonban hisznek ama valóságban, így az számukra „valós". Így tehát, azt a valóságot, melyet a tudatlanság uralma alatt élő lények hoznak létre, s amelyben azok élnek, „képzeletbeli valóságnak" nevezik. Miközben a saját képzeletbeli valóságukat érzékelik, folyamatosan fennáll egy tényleges helyzet, amit nem vesznek észre. Ha az alapvető tudatlanságot eltávolítják, akkor pillantják meg a tényleges valóságot. A buddhák és más lények, akik az ösvényen eljutottak odáig, hogy eltávolították az alapvető tudatlanságot, ezt a tényleges helyzetet érzékelik. A tényleges helyzet olyan, magasabb rendű valóság, mely tény, s amelyet a szellemileg fejlett lények, akik azt érzékelik, valósnak tekintenek. A Buddha ezért „szuper-tényleges valóságnak" nevezte azt.

A *pradnyá*t kétféle módon lehet a valóság képzeletbeli szintjére alkalmazni. Az egyik az, hogy csak szemügyre vesszük a dolgokat, melyeket e valóságban felfogunk, hogy kiderítsük, helyes-e a róluk alkotott elképzelésünk. Ha helyes *pradnyá*val tekintünk rájuk, vagyis ha helyes érvelést alkalmazunk, könnyen rájöhetünk, hogy tévedésben vagyunk velük kapcsolatban. Például, ha azt vizsgáljuk, hogyan alkot fogalmat a racionális elme a dolgokról, akkor azt találjuk, hogy állandónak veszi őket. Ha azonban megvizsgáljuk őket, akkor azt találjuk, hogy állandótlanok. Ez esetben még nem javítottuk ki azt az alapvető hibát, hogy igazán létezőnek tekintjük őket, de legalább a képzeletbeli valóságon belül javítottunk a róluk alkotott szemléletünkön.

A másik módszer az, hogy közelebbről vesszük szemügyre a képzeletbeli valóság dolgait, hogy rájöjjünk, léteznek-e azok valójában. Ha helyes *pradnyá*val tekintünk rájuk, akkor felfedezzük, hogy az összes jelenség és lény — önmagunkat is beleértve —, amit a tudatlanság valósnak fogott fel, valójában nem létező. Rájöttünk az összes jelenség tényleges helyzetére, vagyis arra, hogy üresek: mentesek mindazon tárgyaktól, melyeket a tudatlanság alapján kiagyaltunk. Tényleges lézetésük hiányát ezért az ürességüknek, vagy egyszerűen csak „ürességnek" hívják. Ez a szuper-tényleges valóság.

Így tehát, a *pradnyá* minden szinten alkalmazható, mint a tévedés ellenszere. A *pradnyá* egy különleges típusát azonban egyenesen a dualisztikus tudat alapvető tudatlanságának megsemmisítésére lehet felhasználni. Mindenki, aki ezt a fajta *pradnyá*t kifejleszti magában, ily módon kiszabadulhat abból a téves, kettős világból, amelyet létrehozott, s visszatérhet eredeti, benne rejlő, tényleges valóságához, mely a buddhaság.

Amikor a *pradnyá*t a gyakorlatban oly módon alkalmazzuk, hogy akár a képzeletbeli, akár a szuper-tényleges valóság szintjén betekintést nyerjünk a tényleges helyzetbe, azt *vipasjaná* nak, „betekintésnek" nevezzük. A *samatha* szilárdságával egyesített *vipasjaná* vagy „betekintés" teszi lehetővé a meditáció gyakorlója számára, hogy észrevegye a tényleges helyzetet.

A buddhista meditációban a *samathá*t és a *vipasjaná* t egyesítik a tényleges valóság megpillantása érdekében. A *samatha* gondoskodik a tudati stabilitásról, a *vipasjaná* pedig a betekintést biztosítja, hogy tisztán lássuk a helyzetet. A lények kielégítetlensége az alapvető tudatlanság közvetlen következménye. A tudatlanság és a vele járó kielégítetlenség eloszlatható a meditáció segítségével, melyben a *samathá*t a *pradnyá* azon fajtájával egyesítjük, amely a tényleges helyzet kiderítésére irányul a szuper-tényleges szinten.

3. A pradnyá kifejlesztése

A Buddha fokozatosan oktatatta tanítványait. Először nem arra a *pradnyá*ra próbálta megtanítani őket, amely az összes létező dolgot megszünteti, mert az sokuknak túl nyomasztó lett volna. Először inkább azt a *pradnyát* mutatta be nekik, amely helyesbíti a létező dolgok szemléletét, majd később – miután tévedéseik egy részét már megszüntették és nyitottabbak voltak – megtanította őket a *pradnyá*ra, amely ahhoz a belátáshoz vezet, hogy ama létező dolgok nem lézetnek. A *vipasjaná* ról szóló tanítások e könyvben ugyanezt a sorrendet követik. Lényegében: először a Kisebb Jármű szerinti megközelítést, majd pedig a Nagy Jármű szútra megközelítését mutatjuk be.

4. A képzeletbeli valóság vizsgálata a pradnyá segítségével: A három félreértés

A buddhista filozófia négy iskolája közül a legalacsonyabb szintű, a *vaibhásika* vagy partikularista iskola szerint a dolgok vagy külső, anyagi tárgyak, vagy belső, tudati jelenségek. Így foglalhatók kényelmesen össze mindazok a dolgok, melyeket alapvető tudatlanságunk folytán létezőnek tekintünk. A racionális elme mindezen létező dolgokat több szempontból is tévesen fogja fel. A Buddha a következőket tanította: 1) állandóságot észlel a dolgokban ott, ahol valójában állandótlanság van; 2) egységet észlel a dolgokban ott, ahol valójában sokaság van; és 3) függetlenséget észlel a dolgokban ott, ahol valójában függőség van.

E három téves észlelést minden problémával kapcsolatban felfedezhetjük a tudatunkban, amit csak tapasztalunk. Megszüntetésükkel tehát hatalmas lépést tehetünk a kielégítetlenség enyhítése felé. Ráadásul mindezek azon alapvető tudatlanság tünetei, mely a jelenségeket valóban, igazán létező jelenségeknek veszi. Megszüntetésük tehát az alapvető tudatlanság felszámolásának irányába vezet.

1. Az állandóság

A képzeletbeli valóság egyik oldala az, hogy minden jelenség állandótlan természetű. Pillanatról pillanatra megváltoznak. Így hát minden ilyen jelenség állandótlan, ugye? Ennek ellenére, ha jól megnézzük, azt látjuk, hogy racionális elménk állandónak észleli a dolgokat.

Amikor a racionális elme állandóságot észlel a tárgyaiban, akkor állandónak, rögzítettnek és változatlannak tekinti a dolgokat. Vegyünk például egy poharat! Ha egy poharat teszünk az asztalra, majd egy kicsit tovább olvasunk, akkor gondoljunk újra a pohárra: az a pohár, amelyet most látunk, ugyanaz-e, mint amit eredetileg az asztalra tettünk, vagy pedig más? A pohár pillanatról pillanatra változik, így az a pohár, amely eredetileg ott volt, most már nincs ott. Az eredeti pohár már nem létezik. Most az a pohár van jelen, amely ama eredetinek a folytatása. Nem ugyanaz a pohár, mint az eredeti, hanem annak folytatása. Ez így van, ám racionális elménk mégis azt hiszi, hogy ez ugyanaz a pohár, mint az előbbi. Miért? Azért, mert ugyanolyan alakú, színű, méretű és így tovább, mint amit korábban láttunk. Mivel olyasvalamihez hasonlít, amit egyszer már megismertünk, a racionális elme ugyanabba a kategóriába sorolja, mint ama korábbi dolgot. Így észlel állandóságot a racionális elme olyasvalamiben, ami valójában állandótlan. Hasonló példa az, hogy úgy beszélünk magunkról, hogy korábban fiatalabbak voltunk, a jelen időben is létezünk, és e kettőt ugyanannak gondoljuk. Ez szintén az állandóság felfogása ott, ahol állandótlanság van. Kettős, racionális elménk mindig így érti félre a dolgokat. Elménket megtévesztik a látszatok: mintha egy gyorsan forgó ventillátort néznénk, s közben azt hinnénk, hogy a tengelye egy helyben áll.

Minden olyan dolog, amely részekből áll össze, állandótlan. Először nem léteznek, majd miután megteremtik őket, létrejönnek. Így tehát az idővel függnek össze. Mi is az idő? Az idő múltból, jelenből és jövőből áll. Ezek közül a múlt már befejeződött, a jövő pedig még nem következett be. A múlt és a jövő tehát nem létezik. Minden tárgy, ami az idővel függ össze, ugyanígy csak jelen időben létezhet. Vegyünk három évet: a tavalyi, az idei és a jövő évet! A tavalyi év már befejeződött, a jövő év még nem érkezett el, így aztán csak az idei év van. Most, mondjuk, a hetedik hónapban járunk: a hatodik hónap már befejeződött, a nyolcadik pedig még nem érkezett el. Azután, mondjuk, tizenegyedike van: tizedike már befejeződött, tizenkettedike pedig még nem jött el. Aztán, mondjuk, tizenegy óra van: tíz óra már elmúlt, és a tizenkettő még nem következett be. Aztán, mondjuk, ennek az órának a huszonnegyedik perce van. E percen belül egymás után telnek a másodpercek, azokon belül pedig a pillanatok itt és most, most, most vannak, ahogy csettintünk az ujjainkkal. Csak ez a jelen van, pillanatról pillanatra. Azt hisszük, a dolgok léteznek. Ha tényleg így van, akkor csak a jelen pillanatban, egyik pillanatról a másikra létezhetnek. Más szóval, a dolgok állandótlanok.

Mindazok a dolgok, melyeket általában létezőnek tekintünk, így változnak pillanatról pillanatra. A testünk is így változik, a körülöttünk lévő bútorok is így változnak, a ház, amelyben ülünk, szintén ugyanígy változik, az összes világ az összes univerzumban ugyanúgy változik. Ha nem változnának, nem létezhetnének. Az okok, feltételek és azok következményeinek folyamata nem menne végbe, nem mehetne végbe.

Háromezer papírlapunk van egy kupacban. Racionális elménk e papírhalmazt állandó dolognak tekinti. Veszünk egy nagy kalapácsot, és egy hosszú szeggel átütjük az egész rakást. A szeg áthalad az első, a második, és a többi papírlapon; mindegyiken a másodperc tört része alatt. E pillanatok igen-igen rövid ideig tartanak. A szög mégis minden egyes pillanatban azon a papírlapon hatol át, amelyiken épp áthalad. Minden korábbi pillanat elmúlt és véget ért; ami pedig utána jön, az még nem következett be. Igen gyors változási folyamat ez a jelen másodpercben, a papírhalmaz pedig csak e jelen pillanatokban létezik. A papírhalmaz állandótlan.

Ezt az igen gyors váltakozást, mely pillanatról pillanatra megy végbe, a buddhista hagyományban „finom állandótlanságnak" nevezik. Létezik „durva állandótlanság" is: ez azt jelenti, hogy egyes dolgok elég lassan változnak ahhoz, hogy ne vegyük észre a bennük végbemenő változást. Ha azonban közelebbről megvizsgáljuk, akkor észrevehetjük, hogy azok is pillanatról pillanatra változnak. Az ember nem egyszerre, hirtelen öregszik meg, ugye? Hasonlóképpen, az összes világ az összes univerzumban egyfolytában öregszik, noha ez nem azonnal nyilvánvaló. Így tehát, mindig dolog pillanatra pillanatra változik, akár nyilvánvaló a változás, akár nem.

Az állandótlanság megértése igen hasznos lehet. Ha megértjük az állandótlanságot, az elménk nem lessz annyira kicsinyes és feszes. Ha nem értjük az állandótlanságot, akkor bármilyen apróságon könnyen felbosszanthatjuk magunkat. Ha olyasvalamivel találkozunk, ami nem nagyon tetszik nekik, máris így gondolkodunk: „Nincs jól ez így, és ez nagy baj. Nekem úgy kellene, ahogy szeretném. Úgy kell lennie, ahogy én akarom. Ha nem kapom meg, amit akarok, az nem jó." Így aztán jól belebonyolódunk ama bizonyos apróságba. Másrészt, ha megértjük az állandótlanságot, akkor megértjük azt is, hogy a dolgok nem mindig úgy alakulnak, ahogyan mi szeretnénk.

Reálisan szólva, így van ez. Van, ami jól alakul, van, ami nem: ilyen a dolgok természete. Emiatt nem lehetséges, hogy mindig minden úgy alakuljon, ahogyan mi szeretnénk. Ha megértjük az állandótlanságot, akkor egyszerűen úgy tudjuk elfogadni a dolgokat, ahogy vannak, bármely adott pillanatban.

E megértés többek között ahhoz is hozzásegíthet minket, hogy mindig a legjobbat hozzuk ki magunkból. Akár a munkánkról, a meditációnkról, a megélhetésünkről, valamilyen világi tevékenységünkről, vagy a Dharma érdekében végzett munkánkról van szó, végezzük csak el a legjobb tehetségünk szerint, majd ne legyenek további elvárásaink vele kapcsolatban! „Megteszem, amit tudok, aztán vagy jól alakul, vagy nem. Végtére is minden állandótlan, nem?" Ha ily módon gondolkodunk, akkor mindig kiegyensúlyozottak leszünk, és könnyedén vesszük a dolgokat. Emiatt aztán érdekes módon több munkára, tanulásra és meditációra leszünk képesek. Fontos, hogy helyes perspektívába helyezzük a dolgokat. A helyes perspektíva a valóság megértéséből ered, az állandótlanság pedig a valóság egyik aspektusa.

Egyszer Amerikában egy ember sorsjegyet vásárolt. Öregember volt, hirtelen beteg lett és kórházba került. Kórházban volt, miközben lezajlott a sorsolás, s bár több mint százmillió dollárt nyert, nem hallott róla. Felesége és gyermekei azonban hallottak róla, s nagyon izgatottan várták, hogy elmondják neki a jó hírt. Elmentek hozzá a kórházba, de amikor az öregember orvosával találkoztak, az orvos azt tanácsolta nekik, hogy inkább ne mondják el neki, mert még belehalna az izgalomba. A család ezt hosszasan megtárgyalta, s végül úgy döntöttek, hogy mégis el kell mondaniuk az apának a hírt. Viszont az orvost kérték meg, hogy mondja el neki, hogy minimálisra csökkentsék annak az esélyét, hogy túlságosan felizgatja magát. Az orvos beleegyezett, és bement az öregemberhez. Először körüljárta a témát, s lassan felvetette azt a lehetőséget, hogy az öregember esetleg rengeteg pénzt nyert. Az öregember azt mondta, neki mindegy, hogy megnyerte-e a pénzt vagy nem: olyannyira, hogy ha megnyerné, felét az orvosnak adná. Az orvos tréfálkozott vele, mondván, hogy ezt nem gondolja komolyan. Az öregember azt mondta: „Nem, nem, tényleg így van. Magának adom a felét, ha nyerek." Mindezt nagyon nyugodtan mondta. Így hát a doktor így szólt: „Írásba adná ezt?" Az öreg így szólt: „Ha hoz nekem egy tollat, most rögtön írásba adom." Az orvos tollat és papírt hozott, az öregember pedig megtette a nyilatkozatot és aláírta. Az orvost, amikor a papírt átvette, annyira letaglózta a felismerés, hogy éppen több mint ötven milló dollárra tett szert, hogy szívrohamot kapott és meghalt. Az öregember meglepődött, s nem értette, miért halt meg olyan hirtelen az orvos. Később az öregember felesége és gyermekei is megérkeztek, s elmondták neki, hogy mennyi pénzt nyert. Abban a pillanatban megértette, miért halt meg az orvos – azért, mert túlságosan ragaszkodott és kötődött önmagához. Az öregember pár nap múlva hazamehetett. Az, hogy szinte alig volt benne ragaszkodás és kötődés a pénzhez, amit nyert, megmentette az életét, s lehetővé tette számára, hogy élvezze a nyereményét.

Az értéktőzsde újabb példát kínál. Mint közismert, a tőzsde mindig fel-le ingadozik. Amikor hanyatlás van, az ember pénzt veszít, s ez olykor rengeteg pénzt jelent. Ha a tőzsdén fektetünk be, és mindig feszülten figyeljük, ahogy a piac fel-le ingadozik, akkor tele leszünk nyugtalansággal. Ám őszintén szólva mi értelme ennek? Ha mindaz az aggodalom és szorongás, amit az emberek magukban keltenek, amikor a tőzsdén hanyatlás van, visszafordíthatná a zuhanást, ha egy centtel is fellendíthetné a piacot, akkor talán lenne értelme az aggodalmaskodásnak és a gyötrődésnek. Ez azonban nem lehetséges. Az aggodalom, a szorongás csak az, ami: sem jó, sem rossz, de semmiképp sincs értelme, se haszna. Ha az értéktőzsdén befektető emberek tudnának az állandótlanságról, ha lenne némi valóságérzékük, akkor az sokat segítene rajtuk. Tudnák, hogy a piacon egyszer fellendülés, máskor hanyatlás van, s nem mindig abba az irányba halad, amelybe szeretnék. Tegyük meg, amit tudunk, hozzuk ki a legjobbat önmagunkból, tegyük meg a saját erőfeszítéseinket, aztán fogadjuk el a dolgokat úgy, ahogy alakulnak!

Fontos, hogy mindenhez könnyedén nyúljunk hozzá. Amikor egy pohár vizet iszunk, azt tehetjük keményen, igen feszes tudattal; vagy lazíthatunk, felvehetjük a poharat, és ihatunk belőle. Ha az első módon tesszük, előfordulhat, hogy elejtjük a poharat vagy rosszul nyelünk, könnyen félresikerülhet valami. Ha azonban csak finoman felemeljük, és könnyedén iszunk belőle, akkor megtesszük, amit tennünk kell, és kész.

Általánosságban szólva, ha valamilyen problémánk van, álljunk meg, és figyelmesen vizsgáljuk meg, van-e rá megoldás! Ha van, akkor megvan. Ha nincs, akkor csak fogadjunk el anélkül, hogy tovább nyugtalankodnánk vagy bosszankodnánk rajta. Végül is, ha nincs megoldás, a további aggodalmaskodás egy cseppet sem segít. Mint a fenti példában, az értéktőzsde miatti nyugtalankodás nem változtatja meg azt, úgyhogy haszontalan. Így aztán tudatunkat mindig tartsuk tágasan nyitva, de tegyünk meg mindent, amit megtehetünk, anélkül, hogy tovább aggodalmaskodnánk rajta. Ez igen lényeges.

2. Az egység

Amikor azt mondjuk: „én", egy dologra gondolunk-e, vagy többre? Ugyanígy a magunktól eltérő, más dolgok esetében; amikor azokat észleljük, a tudatunk egy dolognak, vagy több dolognak veszi őket? Ami minket illet, a tudat az „ént" az egység, nem pedig a sokaság fogalmával kapcsolja össze. S hasonlóképpen: amikor más dolgokat észlel, azokat is egyetlen létező dologként, nem pedig számos alkotórészből álló valamiként ragadja meg. E folyamatot „az egység megragadásának" nevezik. Mindennel így teszünk, amit a racionális elménkkel felfogunk; ha egy asztalra nézünk, azt mindig egynek látjuk – annak ellenére, hogy lábakból, asztallapból és más részekből tevődik össze. E dolgok mind sokaságok, racionális elménk azonban mégis mindig elköveti azt a hibát, hogy egységként kezeli őket.

3. A függetlenség

A kezünk mi magunk vagyunk-e, vagy nem? Hogy beszélünk önmagunkról? Azt mondjuk: „Nem ez a testrészem vagyok, nem az a testrészem vagyok, nem a has, nem a kar, nem az elme és így tovább." Elménk, amikor megnevezi: én, olyasvalaminek tekinti azt, mint ami független a test és tudat többi részétől; olyasvalaminek, ami nem a testtől és tudattól függően jön létre – ami pedig tévedés. Ezt „a függetlenség felfogásának" nevezik. A részekből álló jelenségek valósága az, hogy mindig másoktól függnek, nem pedig függetlenek, amilyennek a racionális elme tekinti őket.

2. A szuper-tényleges valóság (az üresség) kiderítése a pradnyá segítségével

Az utolsó lépésben a *pradnyá*t arra használjuk fel, hogy kielemezzünk a világunkat alkotó dolgokat. A *pradnyá* alkalmazásával már kiderítettük, hogy azelőtt tévedésben voltunk azzal kapcsolatban, ahogyan a dolgok a képzeletbeli szinten elhelyezkednek, és több jelentős hibánkat is kijavítottuk. Még mindig azt hisszük azonban, hogy a dolgok valóban léteznek. A következő lépésben a *pradnyá*t arra használjuk fel, hogy még közelebbről vegyük szemügyre a jelenségeket, és megvizsgáljuk, vajon tényleg léteznek-e, vagy sem. Ha a dolgok létezését elemezzük, rá fogunk jönni, hogy azok mentesek – vagy, úgymond, „üresek" – attól a valós létezéstől, melyet a tudatlanság nekik tulajdonít. Ama valós létezés hiányát, melyet általában ott lévőnek gondolunk, „ürességnek" nevezzük.

Mit jelent az „üresség" szó? Két részből tevődik össze: Az „üres" a valódi létezés hiányára utal, amiről e fejezet kezdetén beszéltünk. A „-ség" összetevőt többféleképpen is szokták magyarázni, az adott tanítás szintjének megfelelően. Egyféleképpen úgy magyarázhatjuk, hogy az üres aspektus olyasvalami, amiből bármi létrejöhet. Összességében, az „üresség" szó alatt azt kell értenünk, hogy ami csak megjelenik, ugyanakkor valódi létezés híján való, és bármi, ami üres, ugyanakkor meg is jelenik. Más szóval, az ürességet úgy kell értelmeznünk, hogy a jelenségek úgy léteznek, mint egymással párosult megjelenés és üresség.

Mi az, ami üres? Egyetlen *dharma* – vagyis jelenség – sem létezik valójában. Miből állnak a *dharmá*k? Mint korábban említettük, egyfelől úgy tekinthetjük őket, mint az összes külső, fizikai dolog és belső, tudati jelenség összességét.

A fizikai dolgok anyagból vannak, az anyag pedig atomokból áll. A tudati jelenségek tudatosság-pillanatokból tevődnek össze. Így ahhoz, hogy vizsgálat alá vegyük a dolgok létezését, egyrészt az atomi anyagot, másrészt pedig az időt kell megvizsgálnunk. A kettő közül most először az időt tanulmányozzuk.

Az idő, mint tudjuk, múltból, jelenből és jövőből áll. A múltat és a jövőt félretesszük, mivel a múlt már véget ért, a jövő pedig még nem érkezett el. Marad a jelen, most tehát azt vizsgáljuk meg. Mi is az? Az, ami már bekövetkezett, és még nem szűnt meg. Így tehát, ha a jelent akarjuk felfedezni, olyasvalamit kell találnunk, ami már elkezdődött, de még nem ért véget. Keressük meg! A háromezer papírlapról szóló példában, melyeket egy másodperc alatt átlyukasztunk egy nagy kalapáccsal beléjük vert szeggel, háromezer igen rövid időpillanatot kapunk. Mondjuk, hogy ezek egyike a jelen pillanat, az azt megelőző a múltbeli pillanat, az azt követő pedig a jövőbeli pillanat. Van-e kapcsolat a jelen és az azt megelőző pillanat, valamint a jövőbeli pillanat között, melyeket elkülönítettünk, vagy nincs? Ha nem lenne köztük kapcsolat, akkor sem a jelen pillanat nem jöhetett volna létre a múltbeli alapján, sem a jövőbeli pillanat nem jöhetne létre a jelenlegi alapján. Kell, hogy legyen köztük kapcsolat, ám ha van, akkor a jelen pillanat nem a jelen pillanat, hanem a jelenlegi plusz a múlt- vagy jövőbeli. A voltaképpeni jelen pillanat tehát kevesebb annál, és ki kell vonni belőle. Ha tovább folytatjuk e nyomozást, a jelen pillanatot egyszerűen nem találjuk. Ha újra és újra utánagondolunk, sosem találjuk meg azt az „időnek" nevezett valamit, amit a racionális, kettős elménk létezőnek tekint. Be fogjuk látni, hogy nincs jelen, s hogy épp ezért sem múlt, sem jövő nem létezik.

Hasonlóképpen vizsgálhatjuk meg az anyagot is, és láthatjuk be, hogy az sem létezik. Ha az atom anyagát vesszük górcső alá, azt találjuk, hogy az atomok is részekből állnak, s hogy azok a szubatomi részecskék is alkotórészekből vagy energiából állnak. Egyszerűen sehol sem találunk oly módon létező atomot, ahogy a racionális elme képzeli, mint egy önmagában létező valamit.

A nyugati tudomány nagyjából egyetért abban, hogy a nekünk mutatkozó világ túlnyomórészt a fogalmaink által kivetített világ, és az elképzeléseinken kívül nem nagyon létezik. Például, a tudományban ismert alapelv, hogy egyetlen kísérlet sem független az észlelőtől. Amikor az észlelő felállít egy kísérletet, maga a kísérlet is megváltozik. Ez azt mutatja, hogy a körülöttünk levő világ nem olyan szilárd, rögzült valami, amilyennek a racionális elménk beállítja, hanem egy állandóan változó, összefüggésekből álló valóság.

Így tehát nincs konkrét idő, nincsenek konkrét atomok, s nincsenek konkrét univerzumokban lévő, konkrét világok. A körülöttünk lévő székek és bútorok nem úgy léteznek, ahogy a racionális, kettős tudatunk láttatja őket. A tea, melyet iszunk, szintén nem létezik. Nem léteznek oly módon, ahogy a racionális elménk szerint léteznek, ám mégis működnek: mégis ihatunk egy csésze teát, szomjunkat olthatjuk vele, s tán még ízletes is.

Nos, annak ellenére, amire most rájöttünk, mégiscsak van idő, ugye? Ha valakit megkérdeznénk, vajon mit mondana? Azt mondaná, van idő. S mi az? Azt mondaná, rengeteg idő van: évek, hónapok, napok, s még rengeteg féle idő. Igen ám, csakhogy mindezek pusztán a racionális elmében megjelenő, nevesített fogalmak. A látszatok csupán a racionális elme zavarodottságának a termékei. Ezért nevezik azokat "zavaros látszatoknak".

Világunk dolgai a valósággal kapcsolatos alapvető zavarodottságunk megnyilvánulásai. E zavaros látszatok valódi létezőknek tűnnek, ám mint a fentiek mutatják, valójában nem azok. Úgy tűnik, mintha feltétlenül ott lennének, holott valójában nincsenek. A látszólag ott lévő dolgok e hiányát nevezik úgy, hogy "üresek" attól a valós létezéstől, amit a zavaros látszatoknak tulajdonítunk. A jelenségek valódi létezésének voltaképpeni hiányát nevezzük a jelenségek ürességének.

Az "üresség" nem merő semmit, mindenfajta létezés hiányát, hanem kifejezetten a valódi létezés hiányát jelenti. Azt sem jelenti, hogy "csak üres, és semmi más". Azt sem jelenti, hogy egy részt eltávolítunk – kiüresítünk –, egy másik rész pedig továbbra is létező marad. Az ürességet kifejezetten úgy határozhatjuk meg, mint olyanfajta létezést, melyben valójában semmi sem létezik.

Szoktunk álmodni, ugye? Nagyon is jól tudunk álmodni. Például, ha van valami, amit igazán szeretnénk, akkor álmodhatunk egy olyan álmot, melyben erőfeszítés nélkül és költségmentesen megszerezzük magunknak azt a valamit. Ha ez történik, akkor igazán jól érezzük magunkat az álomban. Igen ám, de mi van akkor, ha hirtelen megjelenik egy rabló, megver minket, és elveszi tőlünk azt a dolgot, amit annyira kedvelünk? Megálmodjuk, mennyire fáj a verés, s hogy mennyire szomorúak vagyunk ama dolog elvesztése miatt, amit annyira csodáltunk. Álmunkban sírunk, zokogunk és óbégatunk. Amikor reggel felébredünk, még az is lehetséges, hogy a párnánk nedves lesz a könnyektől, melyeket álom közben hullattunk!

Felmerül tehát a kérdés: mi az elsődleges oka annak az örömnek, fájdalomnak és szenvedésnek, amit egy ilyesfajta állomban élünk át? Talán az a bizonyos értéktárgy, amihez annyira ragaszkodtunk? Nos, az nem valódi: nem gyárban készült, nem alkotómérnök tervezte, nem atomokból állt, és így tovább. Csak egy valótlan, álombeli dolog volt. Ennek ellenére, álmunkban mégis sokféle érzelmet tudott kiváltani bennünk. Álmunkban képes volt boldogságot és szenvedést okozni nekünk, ugye? Vagyis az, hogy nem az volt, aminek tűnt, ugyanakkor mégis megjelent álmunkban – e két nézőpont egységet alkotott, ugye? Ugyanígy van ez az összes jelenséggel, amit jelenleg tapasztalunk. Példának okáért: egy csésze tea nem valódi létező, én, aki megiszom, valójában szintén nem létezem, a teaivás aktusa pedig szintén nem létezik valóságosan. Ennek ellenére, mint az álombeli dolgok esetében: ha megkóstolom a teát, érezhetem az ízét, és jól is eshet nekem.

Ily módon, ha az általunk tapasztalt jelenségeket kielemezzük a *pradnyá* segítségével, mely a tényleges helyzetre irányul, azt találjuk, hogy azok valójában nem léteznek. Továbbá, noha nem valódi létezőként voltaképpen nem léteznek, ugyanakkor megjelennek; s miközben látszólag folyamatosan megjelennek, ugyanakkor mégsem léteznek valóságosan. Az „üresség" szó tehát tulajdonképpen látszólagosságuk és ürességük egységére vonatkozik.

4. Az ürességen való meditáció hatása

Vajon mi haszna lehet megtapasztalni az ürességet? Meglehet, például, hogy roppant rémisztő álmot látunk, amitől igencsak megijedünk. Mondjuk, valaki kirabol minket, egy földrengésben összedől a házunk, vagy autóbalesetet szenvedünk. Elképzehető, ugyebár, hogy ilyesmit álmodjunk? Mit tehetnénk hát e problémák megoldása érdekében anélkül, hogy fel kelljen ébrednünk? A legjobb megoldás felismerni, hogy álomban vagyunk. Más módszerek – mint például szembeszállni a rablóval, és így tovább – nem segítenek. Azon módszerek még ronthatják is az álmot; például, a rabló igen veszedelmessé válhat, és súlyos kárt tehet bennünk. Az sem segítene rajtunk, ha álmunkban imádkoznánk valakihez. Tulajdonképpen nincs más igazi megoldás a helyzetre, mint felismerni, hogy az álom – álom.

Ha egy álomban felismerjük, hogy álmodunk, akkor abban az álomban megtehetünk bármit, amit csak akarunk. Sértetlenül leugorhatnánk egy százemeletes épület tetejéről. Beleugorhatnánk a tűzbe, és nem égnénk meg. Mindezekre azért lennénk képesek, mert ha felismerjük, hogy az álom csak álom, akkor megértjük, hogy az álmodott dolgok nem valóságosak; s ha egyszer nem valóságosak, akkor hogyan tehetnének valóságos kárt olyan, nem valóságos dolgokban, mint a testünk? Öszszességében az ember így sok mindenre képes lesz, amire korábban nem volt. És mentesül az összes korábbi félelmétől, amit akkor érzett, amikor az álombeli dolgokat valóságos dolgokká szilárdította. Mindez ama felismerésnek köszönhető, hogy az álom – álom.

Ugyanez a jelenleg tapasztalt jelenségekre is igaz. Az általunk tapasztalt jelenségek egyike sem valóságos, mind csupán az elme látszatjelensége. Ha megértjük ezt, akkor elkezdhetjük tisztítani az összes zavaros látszatjelenségünket – beleértve a születést, betegséget, öregséget és halált. Miközben ezeket tisztítjuk, fokozatosan megszabadulunk a közönséges létezéssel járó problémáktól: a születéstől, a betegségtől, az öregségtől, a haláltól, és így tovább. S nem is csak jelenlegi emberi életünk problémáitól, hanem lassan mindenfajta létezés problémáitól megszabadulunk, amibe egyáltalán csak kerülhetünk. Más szóval, a hatféle vándorló tisztátalan látszatait mind kitisztíthatjuk úgy, hogy azok fel sem merülhetnek többé.

A hat létbirodalom látszatjelenségei, melyeket a vándorló lények tapasztalnak, kizárólag azért merülnek fel, mert a lények nem tudnak az ürességről. Mivel nem tudnak róla, tisztátalan látszatok jelennek meg előttük. Ha az ürességről tudomást szereznek, a jelenségek a buddha-testek és buddha-bölcsességek látszataivá alakulnak át. Példának okáért: ha közvetlen tudomást szerzünk a poklok ürességtermészetéről, akkor maga a pokol a *vadzsra* családhoz tartozó buddha-földdé, a benne élő lények pedig a *vadzsra* család buddhájává, Aksóbhjává válnak.

Így érthetjük meg, mi az, amit a *szamszára* és a *nirvána* egyenlőségének neveznek. A *szamszára* és a *nirvána* is másképp jelenik meg, pedig valójában ugyanaz a mibenlétük. Azt mondjuk, a *szamszára* rossz, a *nirvána* jó, pedig valójában nem így van. Miért? Azért, mert a *szamszárá*ban és a *nirváná*ban is minden egyformán üres. Mivel alapjában véve mindkettő üres, valójában egyenlőek. Sokan úgy képzelik, hogy a buddha-föld valahol messze, a magasban van; ám ez helytelen. A buddha-földet akkor tapasztalhatjuk meg, ha saját tisztátalan látszatainktól megtisztulunk. Nincs más buddha-föld!

A poklok és a többi birodalom mind olyan tisztátalan látszatok, melyek az érzőlények tisztátalan, kettős elméjében jelennek meg. E helyek egyszerűen azért léteznek, mert az érzőlények a saját tisztátalanságaikból létrehozták e tisztátalan látszatokat. A buddha-birodalmak és a poklok valójában egyformán üresek.

Honnan származik a tisztátalanság? Egy rossz szokásból ered, melyet a körkörös létezésben időtlen idők óta folytatunk: abból, hogy mindennek valódi, tényleges létezést tulajdonítunk. E rossz szokásról le is lehet szokni. Mondjuk, találkozunk egy *guru*val, aki elmondja nekünk, hogy az összes *dharma* üres. Ezen elgondolkodunk, s egy idő múlva rájövünk, hogy talán igaz lehet. Később egyre jobban meggyőződünk róla, hogy tényleg úgy van. Végül már teljesen biztosak leszünk abban, hogy minden teljesen üres és semmi sem valóságos. Ekkor válunk buddhává.

Egyesek hallanak az ürességről, s azt hiszik, azonnal meg fogják érteni, s ettől például képesek lesznek tűzbe ugrani anélkül, hogy megégnének. Ez azonban nem így működik. Ehhez először közvetlenül kell észlelni az ürességet, és nagy különbség van az üresség közvetlen észlelése és annak racionális megértése között. A közvetlen észlelés elsajátításához hosszú időn át, kitartóan kell meditálnunk. Újra és újra meditálnunk kell ama rossz szokás ellenszerén, hogy mindent úgy tekintünk, mintha tényleges léttel rendelkezne. Vagyis huzamosabb ideig kell meditálnunk az ürességen.

5. Az ürességen való meditálás előnyei

Az üresség megértésének nagy a jelentősége. A Buddha azt mondta, hogy aki csak egyszer is megsejti, hogy az összes jelenség üres — aki csak egyszer is eljátszik a gondolattal: „vajon csakugyan üresek?" — az több ezer világkorszak alatt felhalmozódott rossz karmától szabadul meg. Ha pedig ez így van, akkor mit mondhatnánk arról, aki meg is bizonyosodik róla, hogy minden jelenség üres? Elég egy percig az ürességre gondolni ahhoz, hogy hatalmas érdemhalmot gyűjtsünk össze, s több százezer világkorszak rossz tetteitől tisztuljunk meg. A Buddha azt mondta, hogy az üresség jól felfogott szemlélete képes érdemet felhalmozni, és megtisztítani a rossz tetteket és szennyeződéseket.

6. Hogyan meditáljunk az ürességen

Az ürességen való meditációhoz mind a *samathá*ra, mind a *vipasjaná* ra szükségünk van. Ezeket egymástól függetlenül is kifejleszthetjük, ám végül egyesítenünk kell őket ahhoz, hogy közvetlenül észleljük az ürességet. Amikor a gyakorlatot végezzük, azt a *samatha* és a *vipasjaná* egyesítésének nevezzük.

Általánosságban szólva a meditációt kétféleképpen lehet végezni. Az első módszert analitikus meditációnak, a másodikat pihentető meditációnak nevezik. Az analitikus meditációban az ember ül, és közben gondolkodik valamin. Értelmi képességeit használja, és egy bizonyos megértésre igyekszik szert tenni. A pihentető meditáció azt jelenti, hogy az ember közvetlenül abban a tudásban csillapítja le az elméjét, amit gyakorolni kíván. Az ürességen való meditációban mindkét módszer alkalmazható.

Ha analitikus meditációt akarunk végezni az ürességen, akkor olyan tárgyakat választunk, mint az idő vagy az atomok – melyekről korábban beszéltünk –, és elménkkel azokat vizsgáljuk meg, hogy a jelenségek ürességéről közvetlen tapasztalatot szerezzünk. Vannak, akik kedvelik az ilyesfajta meditációkat, s ha nekik úgy tetszik, gyakorolhatják is. Mások viszont kevésbé kedvelik az ilyesmit. Ők nyugodtan gyakorolhatják a pihentető meditációt, amelyben csak megpihennek az üresség azon felfogásában, melyet már kialakítottak magukban. Ez esetben egy darabig elgondolkodnak azon, hogy minden jelenség üres, álomszerű, káprázathoz hasonlatos; majd, amikor már valamennyire átérzik az ürességet, csak ellazítják elméjüket, és megpihennek abban, amit felfedeztek. Végül annak is ezt kell tennie, aki analitikus meditációt végez. Vizsgálódik, vizsgálódik, majd végül megpiheneti tudatát a következtetésen, melyre jutott, s ez a pihentető meditáció.

Ha az ember ily módon gyakorol, akkor idővel egyre jobban fog meditálni, és egyre jobban megérti az ürességet. Egyszer csak teljes bizonyosságot szerez róla, s ekkor képes lesz tudatát ama bizonyosságban nyugtatni, s benne is maradni lazán, figyelemelterelődés nélkül. Ha ez bekövetkezik, azt egyesített *samathá*nak és *vipasjaná* nak nevezzük. Az üresség jelentésének bizonyossága a *vipasjaná*; a nyugalmas, elterelődés nélküli benne időzés pedig a *samatha*.

Hogy az ember elvégzi-e az analitikus meditációt, vagy nem, az rajta múlik; a pihentető meditációt viszont mindenképpen gyakorolnunk kell ahhoz, hogy az ürességen való meditációt teljes mértékben elvégezzük.

A FŐ GYAKORLAT

A TUDAT KULCSPONTJA: A *VIPASJANÁ*

AZ ÜRESSÉG FOKOZATOS MEGÉRTÉSE A BUDDHISTA FILOZÓFIA NÉGY SZINTJÉN KERESZTÜL

A buddhista filozófia első szintje, az úgynevezett „partikularista" iskola, a Kisebb Járműhöz tartozik. Viszonylag egyszerű filozófiai rendszere alkalmas kiindulópontot kínál a *pradnyá* típusú intelligencia és a vipasjaná típusú belátás kifejlesztéséhez. E filozófiai rendszer szerint a képzeletbeli valóság összes jelensége vagy az érzőlények által külső valóságnak vélt jelenségek, vagy az általuk a belső tudathoz sorolt jelenségek közé tartozik. A partikularista szemlélet szerint a külső jelenségeket parányi atomok, a belső jelenségeket pedig igen röpke tudatpillanatok alkotják. Más szóval, e szemléleti szinten a jelenségek összessége finom atomokból és finom tudatpillanatokból áll.

E kétféle dolog: az atomok és a tudatpillanatok képezik zavarodottságunk alapját. Hogy is van ez? Mindezen dolgok állandótlanok, számos részből tevődnek össze, valamint okoktól, körülményektől és más tényezőktől függnek; megtévesztett elménk azonban mégis állandónak, egységesnek és függetlennek fogja fel őket. Itt vagyunk például mi magunk, akik „énnek" nevezzük magunkat; racionális elménkkel ebbe csimpaszkodunk bele, a ezáltal állandó, egységes és független valakinek képzeljük magunkat. Azt gondoljuk: „tényleg itt vagyok", s ezzel állandónak tekintjük magunkat. „Én magam vagyok itt" — gondoljuk, s eközben egységes, egyedi individuumnak képzeljük magunkat. Amikor így teszünk, azt is képzeljük, hogy független – okoktól, körülményektől, alkotórészektól és egyéb tényezőktől nem függő – valakik vagyunk.

E három félreértés már magában súlyos tévedés. Ugyanakkor mindhárom azon alapvető tévedésünk szimptómája, hogy a dolgokat tudatlanságból tényleges létezőknek véljük. Ahogy azonban korábban már elmagyaráztuk, kezdhetjük úgy, hogy a *pradnyá*t az állandótlanság és a többi félreértés szintjén alkalmazzuk. Aztán, ha azok hibás voltát már beláttuk, a legfelszínesebb tévedéseink elhárulnak, s ez megkönnyíti a *pradnyá* alkalmazását az alapvető tudatlanságra.

Kezdjük a jelenségek állandóságának megragadásával! Ennek mintapéldája a következő gondolat: „Ennek az asszonynak a gyermeke vagyok, ő pedig az én anyám." Miért? Azért, mert már nem azok a gyerekek vagyunk, akiket az anyánk világra hozott. Amikor azt mondjuk, „én – én vagyok", annak olyasvalamire kellene vonatkoznia, ami tényleg létezik, nem? Az a jelenlegi valami, amire úgy gondolunk, mint önmagunkra, már nagyobb, nem? Az, akit anyánk világra hozott, egész kicsi volt, és már nem létezik többé. Ha találkozunk valakivel, akinek sok évvel korábban bemutattak minket, azt gondoljuk: „ő az a bizonyos X.Y.". Ám ez téves gondolat, mivel a szemtudatosság jelenlegi tárgya nem az a személy, akit korábban megismertünk. Egy újabb példával élve: elveszítjük a karóránkat, majd mikor újra megtaláljuk, a következő gondolattal csatoljuk fel a csuklónkra: „Ez az én órám, amit elvesztettem." Azt hisszük, egy és ugyanaz a dolog, holott nem az. Lássunk még egy példát! Két évvel ezelőtt láttunk egy vázát, és nem láttuk újra egészen máig, mégis azt hisszük: „Ma újra láttam azt a vázát, amit már két éve nem láttam". Pedig a váza azóta megváltozott, s nem pontosan ugyanaz, mint amit korábban láttunk. Ha egy dolgot mindig ugyanannak a valaminek látunk, mikor az valójában állandótlan, akkor tévesen állandóságot tulajdonítunk a dolgoknak, melyek állandótlanok.

A Buddha azt mondta, hogy az összetett dolgok állandótlanok, s rámutatott, hogy állandótlanságuknak két szintje van. Az első, a finom állandótlanság, azt jelenti, hogy az állandótlan dolgok pillanatról pillanatra, egyfolytában változnak. A mai tudomány ugyanezt állítja. Vegyük az elveszett karóra fent említett példáját! Semmi sincs egy karórában, ami pillanatról pillanatra ugyanaz maradna. Attól a pillanattól kezdve, hogy a gyárban előállították, egyfolytában változik és öregszik. Soha nem marad éppen ugyanaz, mint azelőtt. Ez a finom állandótlansága. A második, a durva állandótlanság, a változás nyilvánvaló szintjére vonatkozik, mint mikor például az óra elromlik vagy megáll, vagy ahogy az évszakok változnak. A durva szintű változás mindig a finom szintű állandótlanság alapján megy végbe.

Amikor a dolgokban állandóságot érzékelünk, az a képzeletbeli valóság szintjéhez tartozik, ám még a képzeletbeli szinten sem helytálló. Ezért ezt téves vagy kifordított képzeletnek nevezik, és egyáltalán nem valós. Ha ugyanazon dolgokat látjuk, de finom szinten állandótlannak tekintjük őket, akkor azok még mindig a valóság képzeletbeli szintjéhez tartoznak, de azon a szinten valósak. Ezért nevezik ezt képzeletbeli valóságnak. Más szóval: összességében az elhomályosulásunk megalkot egy fikciót, ám azon belül megragadhatjuk a dolgokat helyesen, vagy helytelenül. Az állandótlan dolgok megragadása a képzeletbeli valóság szintjén – helyes.

Mit jelent, ezek után, a dolgok egységként való megragadása? Gondoljuk újra az énre! Amikor azt mondjuk, "én" vagy "magam", akkor egyetlen, egységes valamiként gondolunk önmagunkra, nem pedig több dologként, ugye? Ugyanígy van ez a karóránkkal is. Amikor egy órára gondolunk, úgy gondolunk rá, mint egy egységes valamire, nem pedig úgy, mint összeszerelt alkatrészek sokaságára. Vagy, mondjuk, leteszünk egymás mellé tíz tollat. Nem úgy gondolunk rájuk, mint tíz egyedi dologra, hanem egyvalaminek: "a tíz tollnak" látjuk őket. Ezt nevezik "a dolgok egységként való megragadásának". A két igazság közül az egyik csupán képzeletbeli. Nem valós még a saját szintjén sem, s épp ezért "téves képzeletbeli valóságnak" vagy – szó szerint – "fejtetőre állított képzeletbeli valóságnak" nevezik.

Mit jelent az, hogy a dolgok nem egységesek? Például: "én" magam többféle dolog vagyok, nem olyan egyes, egységes valami, aminek gondolom magam. A tudósok is bizonyára egyetértenek abban, hogy egy asztal például valójában nem az a szilárd, egységes dolog, amilyennek az asztal észlelésekor megragadjuk, hanem állandó mozgásban lévő atomok gyűjteménye. Azt mondanák, hogy a "szilárd" asztal nem szilárd, hanem mozgó, egymásra ható hullámokból áll. Tévedésben vagyunk az asztallal kapcsolatban, s hasonló tévedésben vagyunk önmagunkkal kapcsolatban is. Így hát sehol sincs egységes dolog, a saját "énünk" érzetét is beleértve.

Miért nem léteznek a dolgok egységes valamiként? Azért, mert részekből állnak. Ha valami alkotórészekből tevődik össze, akkor nem lehet egységes dolog, ugye? Ez igen fontos pontja az érvelésnek. Nézzünk önmagunkra! Rengeteg alkotórészből állunk, ugye? Két karunk, két lábunk, egy fejünk van. Van egy csontvázunk, amely háromszázhatvan-egynéhány csontból áll. Van sok különféle szervünk. Van húsunk, bőrünk, izomzatunk, és így tovább. A finomabb szinten van 21.000 csatornánk, s 21.000-féle, azokban keringő szelünk. Ez pedig még mindig durva szemléletmód, mert ha a hajszálainkat és a pórusainkat tekintjük, azokból több milliónyi van. Így tehát nem egységes létezők vagyunk, hanem egy csomó különböző dologból tevődünk össze.

Aztán arra is rájövünk, hogy világunk dolgait egymástól függetlennek fogjuk fel. Ha egy órára tekintünk, rájöhetünk, hogy olyasvalaminek látjuk, ami a saját jogán létezik; mintha semmi köze sem lenne az alkotórészeihez, az okaihoz, vagy a körülötte lévő világhoz. Hasonlóképpen: ha a sajátunknak tartott énünkre gondolunk, azt találjuk, hogy önállónak tekintjük azt, mintha a saját jogán létezne. Ezzel szemben, minden dolog kölcsönös függésben, különböző okok, körülmények, alkotórészek és egyéb tényezők bonyolult összjátékaként keletkezik. Így hát, ha figyelmesen szemügyre vesszük a dolgokat, akkor rájövünk, hogy azok függő dolgok, mivel különféle okok és kölcsönhatások függvényében jönnek létre. A dolgok függetlenségének felfogása tehát szintén csak fikció, fejtetőre állított képzeletbeli valóság.

Mindezt azért tárgyaltuk meg, mert ha rá akarunk jönni a szuper-tényleges valóságra, akkor először azon a puszta fikción kell túllépnünk, amit ráerőltetünk a valóságra, és rá kell jönnünk legalább arra, hogy mi a képzeletbeli valóság. Ez az első lépés a valóság tökéletes megértése felé. Mint mondtam, az összes jelenség, ami atomi részecskékből és tudatpillanatokból áll össze, a képzeltbeli valóság szintjén létezik. Mi ezeket az atomi részecskékből és tudatpillanatokból álló dolgokat állandó, egységes és független dolgoknak fogjuk fel. Ha azonban gondosan megvizsgáljuk őket, ahogy most tettük, rájövünk, hogy nem azok. Nem olyan a tényleges valójuk.

Mi magunk, mint személyek, összetett jelenségek vagyunk. Nem állandóak, egységesek és függetlenek, hanem állandótlanok, sokszerűek és függők. Az első három felfogás olyan fikció, amely egyszerűen téves, a második három pedig ugyanaz helyesen tekintve; vagyis a képzeletbeli szinten valós.

Mindezidáig a valóság Kisebb Jármű szerinti megközelítéséről volt szó, melyben a képzeletbeli valóság félreértésének eloszlatása a személyes önvaló ürességének megértéséhez vezet. A Kisebb Járműben e tanításokat a személyes önvaló ürességének kiderítésére is fel lehet használni, s ha ebben sikerrel járunk, akkor elérjük az *arhat*i fokozatot, és kiszabadulunk a körkörös létezésből. Ezzel azonban még nem ért véget az utazásunk. Még el kell jutnunk egészen az igazán teljes buddha megvilágosodásáig, s erre szolgálnak a Nagy Jármű szútra tanításai; különösen a *Pradnyápáramitá*, mely azt hangsúlyozza, hogy az összes jelenség – a személyes önvaló és az összes többi jelenség is – üres. Ezen túl, léteznek a Vadzsra Jármű tanításai. Ezek nem mutatják ki az üresség mélyebb szintjét, mint a szútra Nagy Jármű, mert a Nagy Jármű *Pradnyápáramitá* tanításai teljes mértékben kimutatják az összes jelenség ürességét. Célratörőbbek viszont a tekintetben, hogy a valóság végső szintjét mutatják be, melyen a megjelenés és az üresség, vagyis a két valóság, egységben van.

A buddhista filozófia tehát a valóság megértésének többféle szintjét tartalmazza. Ez azért van, mert – ahogy a Buddha mondta – a különböző lények különböző lelki alkatúak, értelmi szintjeik is különbözők, s hogy a különböző szinteket összeegyeztesse, többféle szinten mutatta be a valóságot. A szútra szinten négy fő buddhista filozófiai iskola van; kettő a Kisebb Járműhöz, kettő pedig a Nagy Járműhöz tartozik. A valóság legdurvább szintű megközelítése a „partikularista" elnevezésű Kisebb Jármű iskola tanításai közt található. Ennél finomabb, de még mindig a Kisebb Járműhöz tartozik a *szautrántika* – „szútrakövetők" – nevű iskoláé. Ennél is finomabb megközelítés található a Nagy Jármű *csittamátra* „csak tudat" – nevű iskolájának tanításaiban, a legfinomabb szintű pedig a Nagy Jármű *madhjamaka* – avagy „középút" – nevű iskolájában található. E szútra rendszerben meglévő tanításmagyarázatokon túl, a még élesebb képességekkel rendelkező emberek számára még az ezoterikus vagy tantra iskolák tanításai is rendelkezésre állnak, melyek mind a Vadzsra Járműhöz tartoznak.

A partikularisták azt állítják, hogy a külső, finom atomok és a belső tudatpillanatok végső valóságok. Azt is kijelentik, hogy mindezek finom módon állandótlanok. Ezt az állandótlanságot azonban túlságosan kihangsúlyozzák, s ezzel egyfajta állandóságot csinálnak belőle. Csak a személyes önvaló ürességéig jutnak el. Eggyel magasabb szinten, a szútrakövetők már nem hangsúlyozzák ki olyan erősen a pillanatnyiság tételét, s árnyaltabb képet alkotnak a valóságról.

Ezáltal nem csak a személyes önvaló ürességéig jutnak el, hanem részben megértik a többi jelenség ürességét is. Eggyel magasabb szinten, a csak-tudat iskola követői gondosan megvizsgálják mind a személyes önvalót, mind a többi jelenséget, s arra a következtetésre jutnak, hogy a személy és a jelenségek egyaránt üresek. Ám ugyanakkor kissé túlhangsúlyozzák a tudat természetét, amely az ürességet megismeri, s ezért azt mondják, hogy a kétrétű ürességről alkotott felfogásuk még mindig hézagos.

Hogy jutnak a csak-tudat iskola követői arra a meggyőződésre, hogy az atomok üresek? A két alacsonyabb rendű iskola követői általában képesek megállapítani, hogy az atomok és a tudatpillanatok egyaránt csak pillanatnyi létezők. Azt mondják, képesek rájönni az „állandótlan résznélküliségre", s itt van egy fontos dolog, amit meg kell értenünk. Úgy tartják, hogy van egyfajta finom atom, amely a pillanatnyiság értelmében állandótlan, de nincsenek alkotórészei. Hogyan jutnak erre a meggyőződésre? Úgy közelítik meg, hogy belátják: a dolgok csak a jelen pillanatban létezhetnek, s ezt a jelen pillanatot egészen a lehető legrövidebb időpillanatra finomítják le. Ha még tovább mennének, akkor belátnák, hogy a pillanatnyi, részekre nem bontható atomok is üresek, de félelemből nem folytatják az elemzést. Attól félnek, hogy minden semmivé válna, s hogy nem lenne ok és okozat. Befurakodnak az ürességbe, ám félelmük miatt túl hamar megállnak. Tehát, a két alacsonyabb rendű iskola megáll a résznélküli atomoknál, és azokat tartja végső valóságnak. A csak-tudat iskola viszont továbbmegy ott, ahol a két alacsonyabb rendű iskola megáll. Ők alaposabban vizsgálják meg a helyzetet, és megállapítják, hogy a két alacsonyabb rendű iskola durván elnagyolta az elemzést. Rámutatnak arra, hogy minden létező dolognak – még a legfinomabb atomnak is – vannak oldalai, s mivel vannak oldalai, alkotórészei is vannak. Ily módon, a csak-tudat iskola követői sokkal mélyebb szinten értik meg az ürességet. Rájönnek a teljes ürességre a külső atomokkal kapcsolatban, mivel megengedik, hogy azok rendelkezhetnek alkotórészekkel; s ha valami részekből áll, arról logikai elemzéssel egyértelműen kimutatható, hogy nincs semmiféle rögzített mibenléte. Nem jönnek rá azonban a teljes ürességre a valóságot észlelő tudattal kapcsolatban, mivel e bizonyos típusú megismerőnek egyfajta végső létezést tulajdonítanak.

Mit jelent az, hogy valami teljesen üres, vagyis oly módon üres, ahogy a Nagy Jármű szerint üresek a dolgok? Ha valami alkotórészekből áll – más szóval, nem résznélküli – akkor az alkotórészeire bontható. Ez viszont azt jelenti, hogy az alkotórészekből álló dolog valójában nem létezik, s e „valójában nem létezése" a dolog üressége. Az „üres" azt jelenti, valaminek híján van, amikor pedig egy személyes önvalóról vagy a jelenségek önvalójáról beszélünk, akkor az azt jelenti, hogy a jelenség valójában nem létezik úgy, ahogy mi látjuk – vagyis önvalóval rendelkezőként. Az üresség azt jelenti, hogy a dolgok nem úgy léteznek, ahogy látszólag vannak.[35]

Például, ha a tudatunkba tekintünk, és megpróbáljuk kideríteni, hogyan fogjuk fel a saját énünket, akkor úgy látjuk, hogy az valamiféle egységes dolognak – egy darabból álló, szilárd valaminek – tűnik. Ez az én azonban igazából nem lehet egy valami oly módon, ahogy nekünk tűnik; több valami kell, hogy legyen. Ez több okból is szükségszerű, például abból, hogy az én az öt *szkandhá*val vagy halmazzal áll összefüggésben. Azért kell, hogy összefüggésben álljon az öt *szkandhá*val, mert egész testi-lelki felépítésünk nem más, mint az öt *szkandha*, az én pedig állítólag a testi-lelki felépítésünkre vonatkozik[36]. Igen ám, de

---

[35] Az indiai buddhista hagyomány a logika öt fő típusát fejlesztette ki annak megállapítására, hogy sem a személyeknek, sem a többi jelenségnek nincs olyan önvalója, amilyet mi, közönséges lények, létezőnek tartunk. A résznélküli atomokkal és egyebekkel kapcsolatos, alábbi érvelések kizárólag ebből az öt fő logikai típusból származnak. Ezen érvelések mind ahhoz a belátáshoz vezetnek, hogy a személyes önvaló – az én – valójában nem létezik, s hogy a többi dologban szintén nem létezik ilyesfajta önvaló.

[36] Az öt *szkandha* teljes bemutatása megtalálható a PKTC alábbi könyvében: *The Six Topics That All Buddhists Learn*, 2012, 978-
(Folyt. köv.)

ha az öt halmazt áttekintjük, azok között sehol sem találunk ilyesfajta "ént". Ha erre rájövünk, akkor ismerjük fel a személyes önvaló ürességét. Ezt másképp úgy is tehetjük, hogy az ént a teljes felépítésünkre vonatkoztatjuk, ami testből, beszédből és tudatból áll. A testben azonban nem lehet, mert ha jól megnézzük, azt találjuk, hogy az egységes, "én" nevű dolog, amit valahol fel szeretnénk fedezni, sem a karunkban, sem a lábunkban, sem bármely egyéb testrészünkben nem található. Nem lehet a beszédünkben, mivel a beszéd csak állandóan változó hangsorok sorozata, mely ráadásul nem is folyamatos, s ilyesfajta egységes én abban sem található. Azután nem lehet a tudatban sem, mivel a tudat csupán események állandó folyamata; az én pedig egységes, állandó dolog kellene, hogy legyen. Az öt halmaz összességével, vagyis a test, beszéd és tudat összességével sem azonosítható. Ugye, egyik testrészünket sem azonosíthatjuk az énünkkel? Ha az egyes testrészek nem azonosak az énnel, akkor hiba lenne azt mondani, hogy az egész test az én. Ám annak ellenére, hogy sehol sem találjuk, az én mégis igen élénken jelenik meg az elménkben. Mit jelent ez? Azt jelenti, hogy az én csak olyasvalami, amibe az elménk belekapaszkodott. Túlzás ahhoz képest, ami valójában van. Nem úgy létezik, ahogy mutatkozik. Valójában üres.

Vegyünk például egy kezet! Azt mondanánk, hogy az csak egy kéz, holott valójában alkotórészek gyűjteménye. Egyik része sem azonos a kézzel, ugye? Azután, még finomabb szinten, vegyünk egy hüvelykujjat! Vágjuk részekre a hüvelykujjat! Azok egyike sem maga a hüvelykujj, ugye? Aztán vegyük azokat, és szeljük valamennyit további nyolc részre! Azonos-e bármelyik is a hüvelykujjal? Aztán így folytassuk tovább, hogy végül eljussunk egészen a kezet alkotó atomokig! Mindegyik atomnak

---

[36](folytatas)
9937-572-13-2.

VIPASJANÁ: AZ ÜRESSÉG SZINTJEI

vannak oldalai és alkotórészei, ugye? Tehát mindegyik még tovább bontható. Még ha hullámokká próbálnánk is redukálni az atomokat, ahogy egyes tudósok teszik, egy hullámnak még mindig van teteje és alja. Akkor a hullám felső része, vagy alsó része maga a hullám? Vagyis hullám sem létezik. Még ennél is továbbmehetünk. Van anyag és antianyag, s ha a kettő találkozik, kioltják egymást és eltűnnek; ám ha az atomok valóban állandóak – ami a szilárd önvaló egyik sajátossága – akkor nem találkozhatnak. Így hát, végeredményben, ha a dolgok mélyére tekintünk, nincsenek ténylegesen létező atomok, ugye?

Ha jól meggondoljuk, csak azért mondhatjuk el, hogy van hajunk, mert először is vannak hajszálaink. Ha nem lennének egyedi hajszálaink, akkor nem mondhatnánk, hogy haj van a fejünkön. Ugyanígy van az erdővel is: csak azért van erdő, mert vannak egyes fák; ha fák nem lennének, akkor erdő sem lenne. Tekintve, hogy az összetett dolgok így léteznek, s mivel megegyeztünk abban, hogy minden atomokból áll, ám még sincsenek atomok, ez azt jelenti, hogy valójában semmi sem létezik. Minden a zavarodottság játéka csupán.

Mindeddig csak a külső atomokat vizsgáltuk meg. A tudatpillanatok vizsgálata hasonló eredményre vezet. A tudatpillanatok a képzeletbeli valóság szempontjából állandótlanok, az állandótlan tudatpillanatok pedig a szuper-tényleges valóság szempontjából üresek. Hogyan állapíthatjuk meg, hogy a tudatpillanatok üresek? Az időt használhatjuk fel erre a célra. Ahogy általában a tudatosságra gondolunk, az valójában egy elhomályosult gondolkodásmód. Azt hisszük, ott van, és pillanatról pillanatra folytatódik. Ha azonban gondosabban szemügyre vesszük: a múltbeli tudatosság nem létezik – már véget ért; a jövőbeli tudatosság még nem következett be, tehát az sem létezik; s ha lenne olyasvalami, hogy résznélküli tudatpillanat, annak a jelen pillanatban kellene léteznie. Ha azonban megvizsgáljuk, hol van a jelen pillanat, azt sem találjuk sehol. Így tehát a tudat szintén üres.

Általánosságban szólva, úgy véljük, van tudatosságunk. Ha van tudatosság, annak olyasvalaminek kell lennie, ami a képzeletbeli valóság szintjén létezik. Azon a szinten a tudatosságot olyasvalaminek tekintenénk, ami pillanatról pillanatra létezik. Utánanézhetünk azonban, hogy vajon szuper-tényleges szinten létezik-e, vagy sem. Ehhez felhasználhatjuk az idővel kapcsolatos részelméletet, amit korábban említettünk. Ha lenne olyasvalami, mint időben létező tudatosság, annak a jelen pillanatban kellene léteznie, mivel – mint korábban már beláttuk – múltbeli és jövőbeli tudatosság nem létezik. A partikularisták felfogásában a jelenlegi tudatpillanat végső valóság; számukra az szuper-tényleges valóság, mivel szerintük a jelen tudatpillanat nem osztható további részekre. Ők eddig jutnak el. Ez az üresség durva szintű felismerése. A csak-tudat iskola követői egyetértenek abban, hogy a külső atomok üresek, mivel ők elfogadják, hogy a külső atomok alkotórészekből állnak, azt azonban nem fogadják el, hogy a felismerés tudata is részekből áll, és ott rekednek meg.

Ezzel eljutottunk a negyedik buddhista filozófiai iskola, a *madhjamaka* vagy középút szemléletéhez. A középút iskola követői szerint nem csak a külső atomok, hanem a tudatpillanatok is több alkotórészből kell, hogy álljanak. Ezt azzal indokolják, hogy minden jelenlegi tudatpillanat egy múlt- és egy jövőbeli tudatpillanattal lép érintkezésbe, s így a jelenlegi tudatpillanat is részben múlt- és jövőbeli pillanatokból áll. Ha van jelenlegi tudatpillanat, akkor annak kapcsolatban kell állnia a múlt- és jövőbeli pillanatokkal. A jelen pillanatnak így a tudat múlt- és jövőbeli pillanatait is tartalmaznia kell; a hozzá kapcsolódó múlt- és jövőbeli pillanatok mind benne kellene, hogy legyenek a jelen pillanatban. A jelen pillanat azonban nem tartalmazza azokat. Ha folytatjuk az elemzést, nem találunk olyan jelenlegi tudatpillanatot, amely dologként létezik. Így tehát, a tudatosság szintén kiüresedik. A középút követői számára tehát tudatosság sincs.

Erre esetleg azt mondhatnánk, hogy a középút követői a nihilizmus végletébe estek, mivel mindent – a külső atomokat és a belső tudatosságokat is – felszámolták. Ez azonban nem igaz. Azért nem, mert a középút követői azt mondják, hogy noha e dolgok valójában nem léteznek, a maguk zavaros módján mégis megjelennek, mint egy káprázat vagy egy álom. Olyanok, mint egy álomban látott ház. Az álombeli ház valóban létezik? A házat tisztán és világosan látjuk, az álomban pedig házként működik, de van-e ott egyetlen tényleges atomnyi ház is? Álmodhatjuk, hogy a világon minden dollárt összegyűjtöttünk, de amikor felébredünk, hány dollárunk lesz? Álmunkban akkor is lehet házunk és rengeteg dollárunk, ha valójában sem házunk, sem egyetlen dollárunk sincs, s hasonlóképpen: a magyarázatok szerint az összes, általunk tapasztalt dolog olyan, mint az álom. Így hát, végső soron, az összes külső és belső jelenséget nem létezőnek találjuk a szuper-tényleges szinten, képzeletbeli szinten azonban mégis megnyilvánulnak és működnek, mint az álomban. Így hát, a valóságról szóló magyarázatok legfinomabb szintjén, amit a buddhizmusban ismernek, azért nem lehet az állandóság végletébe esni, mert az összes dolgot üresnek tekintjük, s azért nem lehet a másik szélsőségbe, a nihilizmusba esni, mert a jelenségek mégis megjelennek, és egymástól kölcsönös függésben működnek. Mivel egyik végletbe sem esik bele, a valóság ily módon történő bemutatását „középútnak" nevezik.

A FŐ GYAKORLAT

A TUDAT KULCSPONTJA: A *VIPASJANÁ*

AZ ÜRESSÉG MEGISMERÉSE AZ IDŐ VIZSGÁLATÁN KERESZTÜL

Ha nem vesszük közelebbről szemügyre a dolgokat, hanem további elemzés nélkül csak úgy elhiszünk bármit, ami hirtelen megjelenik előttünk, akkor azt kell, hogy mondjuk: a dolgok bizony léteznek. Ez felveti a kérdést: hol léteznek? Ha az idő felhasználásával nézzük meg ezt, akkor – mivel nincs múlt és jövő – csak a jelen pillanatban létezhetnek.

Miért nincs múlt? Mert a múlt már véget ért. Például, ha egy papírdarabot elégetünk, akkor annak vége, ugye? Ha valaki meghal, akkor többé nem létezik, ugye? A lényeg az, hogy ha valami véget ért, akkor az megszűnt, és nincs többé jelen. Ha valami megszűnt, az jelen lehet? Gondolkodjunk rajta, és nézzük meg, el tudunk-e képzelni olyasvalamit, ami fennmarad miután már megszűnt és véget ért!

Miért nincs jövő? Azért, mert a jövő még nem következett be. Egy meg nem született gyermekről még nem mondhatjuk azt, hogy létezik. Egy karórát, amit még nem gyártottak le, nem nevezhetünk létezőnek. Ha egy házat még nem építettek fel, akkor nem mondhatjuk rá, hogy létezik. A fenti érvelésnél fogva semmiképpen nem mondhatjuk azt, hogy egy jövőbeli dolog létezik.

Így tehát arra a következtetésre jutunk, hogy ami létezik, az csak a jelen pillanatban létezhet. Ha azonban a jelen pillanatot is alaposan megvizsgáljuk, azt találjuk, hogy az is korábbi és későbbi pillanatokból áll össze. Végül, ha még tovább vizsgáljuk a jelen pillanatot, rájövünk, hogy valójában jelen pillanat sem létezik. Ha pedig a pillanatnyi dolgokat vesszük szemügyre, amelyek látszólag a jelen pillanatban léteznek, felfedezzük, hogy azok sem létezhetnek oly módon, ahogy látszólag vannak. Így hát nincs múlt, jelen és jövő, s így azok a dolgok, melyek e három idő valamelyikében látszanak létezni, szintén nem léteznek. Az idő és a dolgok hiánya, ha ilyesfajta módszerekkel fürkésszük, az ürességük. Az, hogy az idő és benne a dolgok megjelennek, a valóság képzeletbeli szintje. Az, hogy üresek, a szuper-tényleges valóságuk. Az, hogy valójában üresek, miközben megjelennek, s megjelennek, miközben üresek, a végső valóságuk. Ily módon, a jelenségek végső valósága a két valóság egysége.[37]

---

[37] Így magyarázta a Buddha a létezés teljességét a két valóságról szóló tanítás segítségével. Azt mondta, hogy nincs más lehetőség: minden jelenség vagy képzeletbeli, vagy szuper-tényleges valóság. A képzeletbeli valóságok az elhomályosult tudatú lények által kitalált, különféle valóságok. Az összes jelenség, amit elhomályosult tudattal tapasztalnak, képzeletbeli valóság; az érzőlények kettős tudatában lévő elhomályosulás hozta létre valamennyit. A „képzeletbeli" szó itt azt jelenti: „csupán az elhomályosulás műve".

(Folyt. köv.)

[37](folytatas)
Mindezen jelenségek üresek, s ez a szuper-tényleges valóságuk. A szútrák szerint a szuper-tényleges valóság a jelenségek üressége, amely a nemes lények meditatív egyensúlyi állapotában tárul fel. Más szóval: magasabb rendű valóság, mely a nemes – vagyis szellemileg magasan fejlett – lények számára tényleges. A szuper-tényleges valóság nem az elhomályosulás terméke, hanem tényleges és magasabb rendű, mint a képzeletbeli valóság, amit az érzőlények elhomályosult elméjükkel hoznak létre.

A FŐ GYAKORLAT

A TUDAT KULCSPONTJA:

VADZSRA JÁRMŰ MEDITÁCIÓK A VALÓSÁGON

A *samatha* meditációt és az ürességen való meditációt oly módon mutattuk be, ahogy azokat konvencionálisan gyakorolják. E konvencionális megközelítést a Buddha a szútrákban tanította. Van egy magasabb szintű meditáció is, ahogy a *samathá*ról szóló utasítás kezdetén már említettük: ezt a Mahámudrá és Nagy Beteljesedés hagyományokban tanítják. Ez a tudat-lényegiség gyakorlata. Kezdőknek ez általában nem nagyon megy. Az emberek többségének először ki kell fejlesztenie a *samathá*t, majd az ürességen kell meditálnia, a fent leírt módon. Amikor az a helyére került, akkor a meditáció végső típusa, a tudat-lényegiségen való meditáció is sikerülhet. A tudat-lényegiségen való meditációt ezért kezdőknek általában nem tanítják, s ennek megfelelően itt mi sem beszélünk róla. E fejezetben azonban mégis bemutatunk egy olyan *samatha* technikát, amely e magasabb szintű meditációk stílusát követi. Ezután rövid bevezetőt adunk a magasabb szintű meditációk stílusába, melyek a relaxáció szerepét hangsúlyozzák.

1. Az időzés, mozgás és tudás hármasa

A Mahámudrá rendszerben van egy meditáció, amelyet "az időzés, mozgás és tudás hármasának" neveznek. Ha gyakoroljuk, hatására bevezethetjük magunkat a saját tudatunk természetébe, ami *vipasjaná*. Más szóval: elképzelhető, hogy az ily módon végzett *samatha* gyakorlat a Mahámudrá és a Nagy Beteljesedés egyesített *samatha-vipasjaná* gyakorlatává változik. Olyan módszer ez, melynek segítségével a tudat alapja vagy megvilágosult magva pusztán a *samatha* gyakorlása által is érzékelhető; ha jól haladunk a gyakorlattal, akkor közvetlen tapasztalatot szerezhetünk a tudat-lényegiségről a *samatha* gyakorlatból kiindulva.

A gyakorlat elnevezése onnan származik, hogy az időzés, mozgás és tudás hármasa mindig jelen van a tudatunkban, amikor meditációt végzünk. A tudat olykor időzik, vagyis egyszerűen várakozik anélkül, hogy gondolatokat gyártana; olykor pedig mozog, vagyis nem csendben időzik, hanem gondolatokat gyárt, s mindkét esetben jelen van benne a tudás általános képessége, melynek segítségével megtudhatjuk, hogy éppen időzik-e, vagy mozog. Összességében, a tudatunk vagy az egyiket, vagy a másikat teszi: vagy mozog, vagy nem – az utóbbit "időzésnek" nevezzük. Soha nincs olyan, hogy sem nem mozog, sem nem időzik; ez a lehetőség nem létezik.

Az időzésből kiindulva könnyen meditatív állapotba kerülhetünk. Sokan azt gondolják: "A tudatom most nyugodt, mozdulatlan; ez aztán kiváló meditáció!" Az emberek általában nem akarják, hogy békés meditációjukba gondolatok és sötétség törjenek be, mert ezeket a meditáció ellenségeinek tekintik. Végül nem is fogadják el, hogy ezek a meditációhoz tartoznak, s emiatt nem képesek a diszkurzív gondolkodást és hasonlókat meditációvá változtatni. Aki pedig nem képes a diszkurzív gondolkodást és hasonlókat meditációvá változtatni, annak a meditáció mindig nehezen fog menni. Az ilyen ember csak nehezen válhat igazi meditálóvá.

Így hát szükségünk van egy olyan módszerre, mellyel a diszkurzív gondolatokat – érzéseket, gyötrelmeket és minden olyasmit, ami a tudatnak az érzékszervek tárgyaival való kapcsolata folytán eszünkbe jut – meditációvá változtathatjuk. Korábban hat *samatha* meditációról beszéltünk, de csak ötöt magyaráztunk el. A hatodik az a módszer, mellyel a diszkurzív gondolkodás egész hálóját meditációvá lehet változtatni. Az előző öt az érzékszervi tárgyakkal kapcsolatos *samatha* meditáció volt, ez pedig a tudatilag érzékelt tárgyakkal, vagyis a diszkurzív gondolkodással kapcsolatos a maga változatosságában. Ez a meditáció könnyű. Ha a szem látható formákat érzékel, s azzal együtt a tudat is a formát figyeli, akkor arra támaszkodva valósítja meg az el nem terelődést. Hasonlóképpen: ha a tudat hangokra figyel, akkor azok alapján valósítja meg az el nem terelődést. Ahogy az érzékszerveink megismerik a látható formákat, a hangokat és a többi érzékszervi tárgyat, az elménk általában gondolatokat gyárt a dolgokról, és így elterelődik. Ez azt jelenti, hogy a gyakorlat végzése érdekében közelebb kell kerülnünk a diszkurzív gondolatokhoz.

Arra gondolni, hogy a diszkurzív gondolkodás lényege üresség, nem segít. Bármit is gondoljunk a diszkurzív gondolatokról, nem segít. A diszkurzív gondolkodás kezeléséhez nem további gondolatokra van szükség. Ha ehelyett tudomásul vesszük a diszkurzív gondolatot, ahogy megjelenik, az elég ahhoz, hogy ne terelődjünk el a diszkurzív gondolattól, s ez a gyakorlat. Bármilyen diszkurzív gondolat merül fel bennünk, maradjunk annál: ne terelődjünk el tőle! Ez nem azt jelenti, hogy egy bizonyos gondolatra kell koncentrálnunk. Ha diszkurzív gondolat van bennünk, minden egyes pillanatban csak egy van belőle, mi pedig megengedjünk magunknak, hogy az tudatosuljon bennünk. Ha megjelenik egy diszkurzív gondolat, azt általában egy második, majd egy harmadik követi. A diszkurzív gondolatok olyanok, mint egy nyaklánc gyöngyszemei: egyesével jönnek egymás után. Így tehát, ha egyszerűen csak tudatosítjuk magunkban a gondolatot, amint az megjelenik, akkor a tudat mindig az épp esedékes gondolat alapján valósítja meg az el nem terelődést.

Az időzés fázisa, melyet elsőnek említettünk, könnyű, de még nem minden. Vannak, akik azt képzelik, hogy a meditáció csak erről szól. Idegenkednek minden olyasmitől, ami megzavarja őket a meditációban. Ha meditáció közben olyasvalami merül fel bennünk, amitől idegenkedni kezdünk, mert megzavar minket a meditációban, akkor magát az idegenkedő gondolatot tegyük a gyakorlat tárgyává! Lehet az egy egyszerű gondolat, vagy bármifajta érzés, gyötrelem, ami a hat érzékszerv valamely tárgyával kapcsolatban merül fel bennünk. Ha egyszerűen csak tudatosítjuk, és nem engedjük, hogy további elterelődést okozzon, akkor az a valami – akár egyszerű gondolat, érzés, gyötrelem, vagy akármi – magává a *samatha* gyakorlatává változik. Ha dühösek vagyunk – olyan dühösek, hogy legszívesebben megütnénk valakit – akkor a harag alapján végezzük a *samatha* gyakorlatot!

Ez két részből áll. Az első, hogy abban a pillanatban észre kell vennünk, hogy gondolat merült fel bennünk, mihelyt az felmerült. A második – ami ugyanolyan fontos, de a fő feladat – hogy rá kell néznünk a gondolatra. Ez itt nem azt jelenti, hogy meg kell vizsgálnunk a természetét, hanem csak azt, hogy vele maradunk, ahogy megjelenik, tart és elmúlik. Ha így teszünk, akkor minden gondolat – még a legmélyebb harag is – az el nem terelődés fenntartásához járul hozzá. Amikor az el nem terelődést gyakoroljuk, az végeredményben tudati egyhegyűséghez vezet, és ez a *samatha* gyakorlásának célja.

A *samatha* gyakorlás egyik jellegzetessége az, hogy a tudat megfigyelőre és megfigyelt tárgyra hasad. Ezt hallván egyesek azt gondolják, hogy ez hiba, mert magát a *samatha* meditációt nem tanulták meg, hanem csak a magasabb szintű gyakorlatokról hallottak, melyekben a megfigyelő és a megfigyelt tárgy kettősségének nem szabad fennállnia. Maga a *samatha* gyakorlat azonban magában nem kettősség nélküli gyakorlat, hanem szükségszerűen hozzátartozik, hogy megfigyelő és megfigyelt tárgy is legyen benne.

A *samathá*ban a megfigyelő olyasvalami, ami megvizsgálja a dolgokat; megnézi és megismeri a tudat tartalmát bármely adott pillanatban. E képesség a tudatban jelenlévő tudás egyik jellegzetessége. Figyelemnek, odafigyelésnek is hívhatnánk, de a jelenleg tárgyalt fázisban – a három közül a harmadikban – „tudásnak" nevezzük. Mindent megnéz és meglát, ami a tudatban történik: a diszkurzív gondolkodást és amivel az jár, az érzéseket és gyötrelmeket, és a többit is.

Ahogy a tudás a nézés és látás feladatát végzi, olykor esetleg különbséget tehet jó és rossz, illetve a kettő közti gondolatok között. E megkülönböztetéssel azonban nem kezd semmit. Más szóval: pillanatról pillanatra tud a tudat tartalmáról, de nem szól utána a tudatnak, hogy: „Hé! Ez a gondolat jó, tartsd meg és kövesd!", vagy: „Hé! Ez a gondolat rossz, ne tartsd meg, ne kövesd!" Ha „rossz" gondolataink vannak, például ártani akarunk valakinek, a tudás észreveszi. Ilyenkor az a lényeg, hogy ne kifelé, a haragos gondolat tárgya felé forduljunk. Ha ezt tennénk, azzal képzelődések egész sorozatát indítanánk be például arról, akinek ártani akarunk. Az a lényeg, hogy továbbra is befelé figyeljünk, és magára a gondolatra – ez esetben a dühös, másoknak ártani vágyó gondolatra – irányítsuk a figyelmünket. Ugyanez a „jó" gondolatokra is igaz. Esetleg azt hihetjük, hogy ezeket nyugodtan követhetjük csak azért, mert jók. A gyakorlat azonban arról szól, hogy mindig a tudat tartalmánál maradjunk, legyen az akár jó, rossz, vagy köztes.

Ebben a gyakorlatban tehát minden elfogadható, ami csak a tudatban megjelenik: a dühös gondolatok, a sóvár gondolatok, vagy bármi más. Így aztán bárhová is tévedünk, mindig fenntarthatjuk a nyugalmunkat. Bárhol is járunk, mindig megmaradhatunk az érzékszervi benyomásoknál, ahogy az első öt meditációban leírtuk, s ez a *samatha* nyugalmi állapotát eredményezi, még egy forgalmas városban is. Aztán pedig, ha ezekkel együtt e hatodik gyakorlatot is felhasználjuk, akkor bármifajta gondolatok, érzések, vagy akár gyötrelmek merüljenek föl bennünk az érzékszervi tapasztalataink miatt, képesek leszünk csak azoknál maradni. Így nem lesz belőlük probléma a *szamszárá*ban, hanem épp annak ellentétévé: a nyugodt tudatállapot előidézőivé válnak. Ez hasznos itt és most, de akkor is jól fog jönni, amikor az egységes *samatha-vipasjaná* gyakorlatot végezzük, mely betekintést nyújt a valóságba, s végső soron megszabadít bennünket a körkörös létezésből.

Az „időzés, mozgás és tudás hármasának" gyakorlása közben, ha a fent leírtak szerint végezzük a gyakorlatot, s újra meg újra rátekintünk a tudatra, hogy lássuk: időzik-e vagy mozog, elképzelhető, hogy a tudás alanya – mely ez esetben egy durva szintű, különálló megfigyelő – feloldódik, és helyét átveszi az a tudó, amely a tudat-lényegiségben rejlik. Ha ez megtörténik, akkor minden bekövetkező időzés lényege az, aki tud, és minden bekövetkező mozgás lényege az, aki tud. Vagyis az időzésnek és a mozgásnak ugyanaz lesz a lényege: a tudatban eleve bennrejlő tudó. E ponton az időzést és a mozgást nem tekinthetjük különbözőnek, hiszen mindkettő egyformán a tudatban bennrejlő tudó megnyilvánulása.

Ha ez bekövetkezik, a konvencionális meditáció megszűnik. Aki *samatha* meditációt gyakorolt, s ilyesmi történik vele, az úgy érzi, hogy elveszítette a meditáció fonalát. A kezdők ilyenkor azt hiszik, hogy bizonyára elvesztették a fonalat, vagyis valamit elrontottak. A meditációjuk valóban véget ért, de ez nem rossz dolog. Ezt „nem-meditációnak" hívják, és annak a ténynek felel meg, hogy a gyakorlás magasabb szintjein már nem kell konvencionális értelemben vett meditációt végezni. Itt olyasfajta meditáció következik be, amelyben nincs különálló megfigyelő és megfigyelt tárgy. Amikor ez történik, a gyakorló egy igen alapvető tudatállapotba tér vissza[38]. Emiatt azt a tudatfajtát, mely ilyenkor tárul fel, „általános tudatnak" nevezik.[39] Tehát, ha valóban ez történik, az a legjobb fajtájú meditáció. Ilyenkor a tudat lényege tényleg közvetlen tapasztalattá válik a gyakorló számára. A valóságba történő betekintést, amely ilyenkor természetes módon következik be, *vipasjaná*nak; a természetes módon bekövetkező időzést pedig *samathá*nak hívják. Az igazi *samatha* és a *vipasjaná* azonban valójában maga a tudat

---

[38] Ez olyan értelemben alapvető, hogy e tudatállapot minden érzőlényben közös, még mielőtt a kettős tudat hordaléka rárakódna.

[39] Tib. *tha mal gyi shes pa*. E kifejezést olykor közönséges tudatnak fordítják, pedig nem ezt jelenti, hanem a mindenkiben általánosan meglévő tudomásra vonatkozik, még mielőtt a kettős tudattal járó „poggyász" megjelenne.

természete, mely nem létrehozott állapot, s ebben a kettőt nem lehet különválasztani.

2. Rövid bevezető
A Mahámudrá és a Nagy Beteljesedés szerinti meditációba

A magasabb tantrák, vagyis a Mahámudrá és a Nagy Beteljesedés szerinti meditáció nem olyan, mint ahol az ember létrehoz valamit a tudatával – például a szerető jóság kialakítására használja fel azt –, hanem olyan, amelyben a saját természete nyilatkozhat meg, mellyel már eleve rendelkezik. Ezt „nem-meditációs meditációs stílusnak" nevezik.

E nem-meditációs gyakorlási stílus is magában foglalja a *samathá*t, de mindig a vonatkoztatás nélküli *samathá*t alkalmazza. A tudat lecsillapítása érdekében nem hagyatkozik semmilyen más tárgyra, hanem magát a meditáló tudatot használja fel a *samatha* alapjául.

E nem-meditációs gyakorlási stílus egyik legfőbb kulcspontja az, hogy a tudat elengedett legyen. Ezért, amikor a magasabb rendű tantrák a meditációról beszélnek, nem nagyon használják a „nyugalomban időzés" jelentésű *samatha* szót, hanem inkább másféle, sajátos kifejezéseket alkalmaznak a tudati elengedettség kifejezésére.

A *samatha* vagy relaxáció kulcspont, különlegesen fontos része a nem-meditációs gyakorlási stílusnak. Ezért most hadd érzékeltessük egy példával – a futóverseny példájával –, hogy milyen az effajta relaxáció! Az Egyesült Államokban manapság igen népszerűek a hosszútávú futóversenyek. Sok ember összegyűlik, lefutnak egy hosszú távot, s aki elsőnek ér célba, nagy pénznyereményben részesül. Képzeljük el, hogy benevezünk egy ilyen versenyre! Előző este felcsigázzuk magunkat a várakozással, hogy másnap megnyerhetjük a díjat. A verseny napján odaállunk a startvonalra a többiekkel együtt, és azt gondoljuk: nyernem kell. Eldördül a startpisztoly, és már indulunk is. Futunk, futunk, teljesen átizzadunk és elfáradunk, de végül mégis megnyerjük a versenyt. Ennek igazán örülünk – különösen annak, hogy megnyertük a díjat –, de rettenetesen kimerültünk és hazamegyünk. Otthon meleg fürdőt veszünk, majd belesüppedünk egy kényelmes karosszékbe. Nagyot sóhajtunk, teljesen elengedjük magunkat és kikapcsolunk. Annyira örülünk, hogy megnyertük a versenyt, hogy semmin sem zavartatjuk magunkat. Ilyesfajta teljes ellazulásról és elengedettségről van szó ebben a meditációban.

Ezt a meditációt nagyjából úgy kell végezni, hogy csak ülünk a helyünkön a test kulcspontjaira hagyatkozva, melyeket az előző fejezetben ismertettünk. Elhelyezkedünk a kulcspontokra figyelve, de nem gondolkodunk rajtuk tovább, hanem csak lazítunk abban az állapotban, akárcsak a fenti példában. Nem meditálunk, vagyis nem valaminek a létrehozására használjuk fel a tudatunkat, mint a szokványos meditációban. Tudatunkat ugyanakkor teljesen elengedjünk, és tökéletesen jelen vagyunk. Nem kell meditációt végeznünk, csak annyit kell tennünk, hogy pihenünk, és mindent, ami megjelenik, beengedünk a tudatunkba –, ám anélkül, hogy a jelenből elkószálnánk. Az effajta meditáció összességében semmiféle különleges gyakorlást nem igényel. A normál meditációtól eltérően, melyben az embernek az értelmét fel kell használnia valaminek a létrehozására, itt arra sincs szükség, hogy gondoljunk valamire. Az állapot, melyben ülünk, kiterjedés nélküli, csupasz tapasztalás, úgyhogy szükségtelen azon gondolkodnunk, hogy milyennek kellene lennie. Ha sokat gondolkozunk azon, milyen legyen az állapot – például, mivel azt hallottuk, hogy kiterjedés nélküli, és ülés közben azon gondolkodunk, hogy nincs középpontja, nincs határa, és így tovább –, akkor elveszítjük magát az állapotot. Az effajta nem-meditációs meditációban teljesen fölösleges állandóan vizsgálgatnunk a tudatunkat oly módon, ahogy a közönséges meditációkban szükséges.

Ha a nem-meditációs meditációs stílust összegeznünk kéne, két kulcspontban írhatnánk le: el nem terelődés és nem-meditáció. E kulcspontok azt fejezik ki, hogy ha képesek vagyunk a helyünkön ülni anélkül, hogy bármiféle szokványos, koncepciókkal teli meditációt végeznénk, de mégse terelődünk el a jelen pillanat közvetlenségétől, akkor – noha nem megy végbe „meditáció" – másra nincs is szükség.

Az „el nem terelődés" azt jelenti, hogy természetesen kell pihennünk, s a dolgokat úgy hagyjuk, ahogy vannak. A kezdők gyakran úgy érzik, hogy elveszítik a fonalat - vagy elveszítik „önmagukat" –, ha így tesznek. Pedig az ember ilyenkor nem veszti el magát, hanem sokkal inkább jelen van, mint máskor. Inkább az elterelődésben szoktuk elveszíteni magunkat; beleveszünk a gondolatainkba meditáció közben, s amikor valaki hozzánk szól, azt mondjuk: „mi az?" – miközben visszatérünk nem létező fantáziavilágunkból, és újra a jelenben térünk észhez. Az ilyesfajta, el nem terelődő meditációban nincs semmi ilyesmi; csak folyamatos jelenben maradás. Egy dolgot veszítünk el: nem verjük többé a fejünk a falba, miközben mindenfélére gondolunk – mint szokványos meditáció közben, amikor elménkkel kísérlünk meg létrehozni valamilyen állapotot.

A „nem-meditáció" azt jelenti, hogy tudatunk természetes módon megvilágítja magát, mint egy lámpa, úgyhogy semmi többet nem kell tennünk, mint megengedni, hogy a tudat természetes tündöklése felragyogjon. A lámpa, csak mivel jelen van, saját tündöklése folytán magát is megvilágítja. Bármekkora legyen is a sötétség, a lámpa mindig megvilágítja magát – nem kell másik lámpát gyújtanunk ahhoz, hogy megtaláljuk. A tudat is ilyen. Nem véletlen, hogy a tudat e megvilágító képességét, mely a tudás alapvető sajátossága, éppen „tündöklésnek" hívják.[40]

A tudat megismerő képességének ezen a szintjén nincs szükség semmiféle megismerendő tárgyra – például érzékszervi tárgyra – ahhoz, hogy működjön. A tudásnak ez a szintje a legbensőbb természetünk, mely a puszta tudás minőségével rendelkezik. Mivel ez a természetünk, nem kell meditációval előidéznünk – amennyiben a meditáció egy új tudatállapot létrehozatalát és annak művelését jelenti. Ezért aztán nem-meditációval idézzük elő –, pusztán azáltal, hogy engedjük jelen lenni.

E tudás a természetünk, megvan bennünk. Ha nem lenne meg, akkor egy kreatív meditációs eljárással, például egy istenségen való meditációval kellene létrehoznunk. Vadzsraszatva meditációjában például az istenség összes testrészét szándékos odafigyeléssel kell megteremteni. Amikor a kezdők ezzel próbálkoznak, először elképzelik az egyik testrészét, például a fejét, de közben megfeledkeznek egy másikról, például a lábáról. Aztán újra elképzelik a lábát, de közben megfeledkeznek a kezéről –, és így tovább. Igen fáradságos teremtési folyamat ez. A „nem-meditációs" meditációs gyakorlatban azonban semmit

---

[40] Lásd a glosszáriumban! Ezt tévesen „tiszta fénynek" hívják már sok éve. A „tiszta fény" sajnos nagyon félrevezető fordítás. Sokakban azt a tévképzetet kelti, hogy valamiféle fény van a tudatban. A szanszkrit szó voltaképpen az egyszerű megismerési aktus metaforája. Ugyanaz, mint az angol „illumination" (megvilágítás) szó, melyet hasonló értelemben használnak, például: „he had a moment of illumination" („egy pillanatra megvilágosodott valami az elméjében").

sem igyekszünk létrehozni a meditációs eljárás segítségével. Erre azért nincs szükség, mert a saját természetünknél fogva rendelkezünk azzal a tudással, amit megnyilvánulásra akarunk juttatni.

A nem-meditációs gyakorlathoz, melyben sosem terelődünk el a tudat tündöklő természetétől, először is csak észre kell vennünk a tündöklést, majd a már felismert tudásban kell tartózkodnunk.

Ilyen egyszerű. Egyáltalán nincsen tennivaló. Egyáltalán nincs min gondolkodni. Egyáltalán nincs mit létrehozni. Egyáltalán nincs szükség semmire. Mindazonáltal, e „nincs semmi tennivaló" megközelítéssel minden létező jó tulajdonság elsajátítható. Könnyebb, mint vizet inni egy pohárból; ahhoz semmit sem kell tennünk, ehhez viszont az ajkunkhoz kell emelnünk a poharat, innunk kell belőle, le kell nyelnünk a vizet, majd vissza kell tennünk a poharat a helyére. A nem-meditációhoz nincs szükség semmire, ám a kezdők ezt általában csak rövid időre tudják megtapasztalni.

Ha tovább folytatjuk az elengedett időzést a tudat természetében, akkor egyre tartósabban tapasztalhatjuk meg; ekkorra válik tökéletessé a meditáció, és egyre hosszabb ideig leszünk képesek benne maradni. Kitartó gyakorlás nélkül lehetetlen egykét másodpercnél tovább fenntartani. Ez azonban nem rossz, hiszen éppen ezért van az a kezdőknek szóló instrukció, hogy a meditációt „sokszor, rövid ideig" kell gyakorolni. Mivel a kezdők nem képesek hosszú ideig megmaradni ebben az állapotban, ha huzamosabb ideig próbálják azt fenntartani, azzal a legjobb esetben is csak annyit érnek el, hogy a meditáció nem fog jól menni nekik, hanem vagy süppedtségbe és eltompulásba, vagy valamiféle izgatottságba torkollik. A kezdők ezért ne gondolják úgy, hogy hosszú ideig fognak meditálni; inkább gondolják úgy, hogy rövid ideig fognak meditálni! Ha azt gondoljuk magunkban, hogy egy másodpercig is elég ebben az állapotban tartózkodni, akkor a meditációnk szépen kialakul. Ha azt gondoljuk, hosszú időn át kell meditálnunk, és nagyon erőltetjük, akkor a meditáció nem fog jól sikerülni.

Mindazonáltal nem árt, ha van bennünk némi eltökéltség a meditációnkkal kapcsolatban. Mi haszna mindig rövid ideig gyakorolni azt? Az, hogy a süppedtség és az izgatottság így nem következik be. Mi haszna sokszor gyakorolni? Az, hogy a meditáció így egyre jobb lesz. Így a meditáció mindkét feltétele kielégül. Ha viszont azt képzeljük, hogy mindig hosszú ideig kell gyakorolnunk, és meg kell erőltetnünk magunkat ahhoz, hogy egy ülés alatt sikerüljön, az nem vezet eredményre.

Az utolsó bekezdések a Mahámudrá „Lényeg Mahámudrá" és a Nagy Beteljesedés „Áttörés" elnevezésű gyakorlatairól szólnak[41]. Fontos megérteni, mi a különbség a vonatkoztatás nélküli *samatha* meditáció mint olyan, valamint a Mahámudrá és Nagy Beteljesedés gyakorlatok között. A különbség az, hogy az utóbbi kettőben megvan az úgynevezett „felismerés", az elsőben pedig nincs. A Lényeg Mahámudrá és az Áttörés esetében az ember először felismeri a saját tudata lényegi természetét, majd abban nyugszik anélkül, hogy változtatna rajta.

A vonatkoztatás nélküli *samatha* nem úgy zajlik, hogy az ember először felismeri a tudata lényegi természetét, majd megpihen benne, hanem egyszerűen elterelődés nélkül nyugszik a tudatban. Ez hatalmas különbség! A különbséget a következőképpen érzékeltethetjük: Ha egy életnagyságú tükör előtt állunk, akkor az egész testünk visszatükröződik benne, s ha valaki

---

[41] Lásd a glosszáriumot!

csak azt pillantja meg, számára úgy tűnhet, mintha valóban mi lennénk ott. Elképzelhető, hogy a tükörképünket összetéveszti azzal a konkrét, hús-vér személlyel, aki csontokkal, aggyal, szívvel és egyéb fizikai testrészekkel rendelkezik. A valódinak látszó tükörkép és maga a dolog között akkora a különbség, mint éjszaka és nappal között; a jelek nélküli *samatha* és a Lényeg Mahámudrá, valamint az Áttörés közötti különbség pedig éppen olyan nagy.

Nos, egyesek azt hiszik, hogy az alábbi utasítás:

> Nem követni a múltat,
> Nem elébe menni a jövőnek,
> Hanem nyugodtan időzni a jelenben,

az Áttörés gyakorlására vonatkozik, holott az valójában a vonatkoztatás nélküli *samatha* gyakorlásáról szól. Nyugaton manapság sajnos sokan elkövetik ezt a hibát. Egyes nyugatiak elősször hindu, majd buddhista mesterektől tanulnak, s azt állítják, hogy a Nagy Beteljesedést gyakorolják, miközben valójában meg sem értették e lényeges különbséget. A buddhisták között sok olyan nyugati van – például a *vipasszaná* csoportok tagjai –, akik a *hínajána* iskolák tanításait gyakorolják, majd a Nagy Beteljesedést is tanulmányozzák, de nem értik meg e lényeges különbséget. A Nagy Beteljesedés követői között is vannak olyanok, akik elkövetik ezt a hibát. A Lényeg Mahámudrá és az Áttörés gyakorlásának az a célja, hogy kiváltsa a tudat tündöklését, a fent említett *samatha* viszont nem képes azt kiváltani. Összegezve: igen jól meg kell értenünk, mi is a *samatha* gyakorlat, s hogy milyen helyet foglal el a buddhizmus összes járművének gyakorlataihoz viszonyítva. Ha pedig a tündöklést kívánjuk előidézni, akkor különösen jól meg kell értenünk a Lényeg Mahámudrában, valamint az Áttörésben alkalmazott, különböző stílusú *samatha* gyakorlatokat, hogy megtudjuk, miben egyeznek meg és miben különböznek a többi fajta *samathá*tól.

Ez természetesen nem azt jelenti, hogy ezeken a dolgokon kell gondolkodnunk, miközben a gyakorlatot végezzük; a gyakorlat végzése közben nem a gyakorlaton kell gondolkodnunk, hanem nyugodtan időznünk. Aztán, ha *samatha* lesz a gyakorlatból, akkor hadd legyen! Ha az egyhegyűség Mahámudrá jógája lesz belőle, hát hadd legyen! Ha az Áttörés nyugalmi oldala lesz belőle, hadd legyen! Ha a Lényeg Mahámudrá vagy az Áttörés egyesült *samatha-vipasjaná* gyakorlata lesz belőle, hadd legyen! A Lényeg Mahámudrá és az Áttörés szerint a meditáció mindenfajta fogalmi megközelítését el kell vetni ahhoz, hogy tényleg nem-meditáció váljék belőle.

A gyakorlás magasabb szintjein tehát azt a megközelítést alkalmazzuk, hogy bárhová is visz minket, hadd legyen. Ha a pokolba visz, akkor a pokolba megyünk. Ha a gyakorlat hibás, akkor hadd legyen hibás. Ha pedig hibátlan, akkor hadd legyen hibátlan. Bárhová is visz minket, oda visz. Ez a döntő alapállás. És mivel ilyen, nagyon könnyű, egyáltalán nincs benne nehézség. Ha felemeljük a mutatóujjunkat, és meg akarjuk érinteni vele a teret, akkor mi történik? Ide-oda bökdösünk az ujjunkkal, de akárhányszor megmozdítjuk, már rég hozzáért a térhez, még mielőtt megmozdítottuk volna, mert a térben foglal helyet, és eleve kapcsolatban áll a térrel!

E gyakorlat ezért rendkívül könnyű. Egy nehézség mégis van benne: olyan könnyű, hogy nehéz! Annyira könnyű, hogy nehéz bízni a valóságosságában. Általában azt gondoljuk, biztosan valami más, nem pedig az, ami éppen előttünk van. A meditáció közben fogalmilag azt gondoljuk: "Mily hatalmas! Milyen tágas! A jelen tudat semmiség", és közben elveszítjük bizalmunkat az iránt, ami az orrunk előtt van. Túl közel van hozzánk ahhoz, hogy lássuk.

Ha a fenti útmutatások alapján gyakorlunk, akkor bárhol, bármikor végezhetjük a meditációt. Például, meditálhatunk tévénézés közben is. Vagyis itt nem alkalmazható az a szokásos hozzáállás, hogy: „na, végre van egy kis időm meditálni", vagy „ma túl sok dolgom van, nem érek rá meditálni". Ezt a gyakorlatot akármikor végezhetjük, például akkor is, amikor teát iszunk, vagy amikor reklámokaz látunk tévénézés közben, és így tovább. Ez azért van, mert saját természetünk az elengedettség, és természetes hajlamunk van a relaxációra.

Mivel ilyen a természetünk, mindig, minden körülmények között megengedhetjük, hogy megnyilvánuljon.

BEFEJEZÉS

FELAJÁNLÁS: A PECSÉT

A hagyomány háromféle felajánlásról beszél:

Legjobb: a hármas szférára való vonatkoztatás nélküli felajánlás;
Közepes: a mások által jelzett utat követő felajánlás;
Legrosszabb: a méreggel kevert felajánlás.

Az első a legjobb. Addig azonban nem végezhetjük ezen a szinten a felajánlást, amíg nem vagyunk képesek közben a tudat lényegi természetében tartózkodni, vagyis amíg nem észleljük közvetlenül a felajánlás három alkotórészének – a felajánlónak, a felajánlás aktusának, valamint a felajánlás tárgyának – az ürességét. Ez az igen magasan fejlett gyakorló felajánlásának felel meg. Általánosságban szólva, ez olyasvalakit jelent, aki már elérte a látás ösvényét. Ha képesek vagyunk rá, akkor rendben.

A második közepes, de a közönséges gyakorló számára a legjobb. Azt jelenti, hogy az ember oly módon végzi a felajánlást, hogy a megvilágosult lények – buddhák és bódhiszatvák – által jelzett utat követi, vagyis róluk vesz példát. Elképzeljük magunk előtt a buddhákat és bódhiszatvákat, és ekképp gondolkodunk:

"Minden buddha és bódhiszatva felajánlásokat és kívánságimákat szokott végezni az összes érzőlény kedvéért. Én is úgy teszek, ahogy ők. Az összes erényt, összes érdemet, amit összegyűjtöttem (azzal az üdvös tevékenységgel, melyet épp elvégeztem; akár *samatha* vagy *vipasjaná* meditációval, akár sztúpák körüljárásával, vagy adakozással, és így tovább), hozzáadom az összes buddha és az összes többi érzőlény által összegyűjtött erényhez, majd – épp úgy, ahogy Ti, buddhák és bódhiszatvák, fel szoktátok ajánlani – én is felajánlom azt az összes érzőlény javára. Részesüljön az összes érzőlény ebben az erényben! Ezzel minden érzőlény szert tett a buddhaság elérésének okaira."

Miután e konvencionális felajánlást elvégeztük, úgy képezzük magunkat tovább, hogy felelevenítjük magunkban, amit eddig megértettünk abból, hogy a felajánló, vagyis mi magunk, üresek vagyunk; hogy a felajánlás tárgyai, az érzőlények, szintúgy üresek; s hogy a felajánlás aktusa szintén teljesen üres, majd ebben a tudatban pihenünk.

A harmadikat a Buddha többféleképpen is nevezte a *Pradnyáparamitá szútrá*kban. Az egyik elnevezése: "méreggel kevert felajánlás". Az elnevezés általában az olyan tudattal elvégzett felajánlásra vonatkozik, amely nem ismeri fel közvetlenül a hármas szféra ürességét, mely nem észleli közvetlenül a saját lényegi természetét, hanem a következő gondolat kíséretében ajánlja fel az összegyűjtött érdemet: "Felajánlom ezt az érzőlényeknek, hadd legyen övék, hadd kapják meg!" Csak ennyiről van benne szó, semmi többről. Ne higgyük a neve miatt, hogy az effajta felajánlás nem értékes! Épp ellenkezőleg: igen értékes dolog, csak éppen nem jár olyan felmérhetetlen, határtalan haszonnal, mint az első fajta felajánlás, melyet az üresség közvetlen észlelése kísér.

FELAJÁNLÁS: A PECSÉT 141

Mi az értelme az érdemfelajánlásnak? A fő értelme az, hogy ne vesszen kárba az érdem, amit létrehoztunk. Mit jelent az, hogy az érdem kárba veszhet? Az érdem négy okból is kimerülhet:

1. Dühbe gurulás (harag)
2. Az alázat hiánya
3. Megbánás
4. Megérlelődés

A Buddha azt mondta, hogy egy pillanatnyi harag akár több világkorszaknyi erényünket is megsemmisítheti. Ha azonban már felajánlottuk az érdemet, akkor a harag nem érintheti. Ha igen büszkék és arrogánsak vagyunk – ha a többieket állandóan ócsároljuk, magunkat pedig náluk jobbnak tartjuk –, az is tönkreteszi az érdemet. Ha azonban már felajánlottuk az érdemet, akkor az ilyen helytelen viselkedés sem változtathat rajta. Ha megbánunk valamilyen üdvös cselekedetet, amit végrehajtottunk, az általában megrongálja az azzal kapcsolatos érdemet, kisebb-nagyobb mértékben csökkentve azt. Ha azonban az üdvös cselekedetet felajánljuk, még mielőtt megbánnánk, akkor később bármennyire is bánkódunk rajta, az érdemet nem éri csorba. Végül az érdem előbb-utóbb gyümölcsöt hoz. Ha nem ajánljuk fel rendesen, akkor a jövőben egyszer majd gyümölcsöt hoz, azután véget ér. A jó karma meghozza gyümölcsét, majd befejeződik. Ha azonban rendesen felajánljuk az érdemet, akkor eredményeket hoz, de soha nem merül ki. Ráadásul, ha helyesen ajánljuk fel, nem csak egyszerűen ugyanaz marad, hanem idővel egyfolytában növekszik – mint a pénz, amit egy jó bankszámlán helyeztünk el, és az idő múlásával egyre növekszik az értéke.

Összegezve: a felajánlással mintegy lepecsételjük az üdvös cselekedeteinket. Azzal, hogy rátesszük a pecsétet, az érdem nem rongálódhat meg, nem mehet kárba, sőt: ha helyesen végezzük el a felajánlást, akkor – mint már említettük – olyan "érdemszámlát" hoz létre, melynek értéke egyfolytában növekszik.

GLOSSZÁRIUM

A tudat felébresztése, Tib. *sems bskyed*: Buddhista szakkifejezés, mely szinte mindig "a megvilágosodás-tudat felébresztésére" vonatkozik, noha esetenként másfajta tudatállapotok – például a lemondás – szándékos kialakítására is szoktak utalni vele. A tudat felébresztésének két fajtája van: képzeletbeli és szuper-tényleges. Ezeket lásd a *képzeletbeli megvilágosodás-tudat* és a *szuper-tényleges megvilágosodás-tudat* címszó alatt.

Az elem, Szkt. *dhátu*, Tib. *khams*: A szanszkrit kifejezés sok mindent jelent; ez esetben egy olyan alapvető szubsztanciára vonatkozik, amelyből valami más jöhet létre. Amikor a Buddha a harmadik kerékmegforgatás alkalmával a *tathágatagarbhá*ról vagy buddha-természetről adott tanításokat, többféle elnevezéssel illette, melyek mindegyike annak egy-egy aspektusát fejezi ki. "Elemnek" olyan értelemben nevezte, hogy az az alapszubsztancia, melyből a buddhaság létrejöhet. "Típusnak" abból a szempontból nevezte, hogy az a buddhasággal azonos típusú, s ezért a buddhasághoz vezethet; e kifejezést "családnak" vagy "származásnak" is lehet fordítani. "Magnak" is nevezte, mely alatt a megvilágosodás magvát értette. Végül, nevezte *garbhá*nak is; melynek jelentését lásd *szugatagarbha* címszó alatt.

Átmeneti élmények, Tib. *nyams*: A meditáció gyakorlása különböző élményekkel jár, amelyek egyszerűen a meditáció végzése miatt következnek be. E tapasztalatok mind átmeneti élmények, nem pedig a felismerés végső, változatlan átélése.

Áttörés, Tib. *khregs chod*: A Nagy Beteljesedés legbenső szintjének két gyakorlata közül az egyik. A másik a Közvetlen Átkelés. Az Áttörés olyan gyakorlat, melynek lényege az Alfa Tisztaságba történő, határozott áthatolás.

Bódhicsitta, Tib. *byang chub sems*: Lásd a *megvilágosodás-tudat* címszó alatt.

Bódhiszatva, Tib. *byang chub sems dpa'*: A bódhiszatva olyasvalaki, aki felkeltette a *bódhicsittá*t – a megvilágosodás-tudatot – és annak alapján rálépett az igazán teljes buddha megvilágosodásához vezető ösvényre, kifejezetten a többi lény jóléte érdekében. Meg kell jegyeznünk, hogy a buddhizmusról szóló nyugati könyvekben szokásosan megjelenő *bódhiszattva* írásmód ellenére a tibeti tradíció a legkorábbi fordítások idejétől kezdve következetesen úgy tartotta, hogy azt helyesen *bódhiszatvá*nak kell írni. Lásd *szatva és szattva* címszó alatt.

Bódhiszatva mahászattva, Tib. *byang chub sems dpa' sems dpa' chen po*: A *bódhiszatva*, általánosságban szólva, egy olyan *szatvá*ra, hősies lényre vonatkozik, aki a *bódhi*hoz, az igazán teljes megvilágosodáshoz vezető ösvényen jár, a *mahászattva* pedig olyasvalakire, aki a lét (*szattva*) nagyobb (*mahá*) vagy magasabb szintjén tartózkodik; egy magasabb szintű lényre. A *bódhiszatva mahászattva* kifejezés általános jelentése tehát: „az igazán teljes megvilágosodáshoz vezető úton járó lény, aki a lények egy nagyszerű típusa, mivel az igazán teljes megvilágosodást akarja elérni az összes érzőlény érdekében".

Van azonban egy második, kevésbé közismert magyarázat is, miszerint a *mahászattva* nem általánosságban vett „nagy lényt" jelent, hanem az összes bódhiszatva közül kifejezetten azokra vonatkozik, akik a létezés igen nagy szintjére jutottak. Ez esetben elsősorban azokat a bódhiszatvákat jelöli, akik elérték a legmagasabb bódhiszatva-szinteket, a nyolcadik-tízedik szintet, és azokon tartózkodnak. E bódhiszatvák – az alattuk

GLOSSZÁRIUM 145

lévő szinteken tartózkodó bódhiszatváktól eltérően – a tisztaság oly magas szintjére jutottak, hogy nem eshetnek vissza alacsonyabb szintre. Már óriási eredményeket értek el, s ezzel olyan kiválóságokra tettek szert, amelyek sok szempontból egy buddháéihoz hasonlítanak. Azért fontos tudni a *bódhiszatva mahászattva* e második jelentéséről, mert amikor ebben az értelemben használják, az valamit elárul az említett bódhiszatvákról. Például, amikor a Buddha nyolc szívbéli fiának bármelyike kerül említésre, akkor gyakran *bódhiszatva mahászattva*ként hivatkoznak rájuk, amivel messzemenő eredményeikre utalnak. Ez esetben kifejezetten azokról az összes többi bódhiszatvánál magasabb rendű bódhiszatvákról van szó, akik közel járnak az igazán teljes megvilágosodáshoz.

Bölcsesség, Szkt. *dnyána*, Tib. *ye shes*: Az ösvény gyümölcsével összefüggő kifejezés, amely egy olyan fajra tudatra vagy megismerőre vontakozik, amellyel a Buddha rendelkezik. Ez a fajta megismerő az érzőlényekben is megtalálható, de azt egy igen bonyolult megismerési szerkezet, a dualisztikus tudat takarja el. Ha gyakorolják a buddhasághoz vezető ösvényt, akkor megszabadulhatnak az elhomályosulástól, és újra rendelkezhetnek majd e tudattípussal.

A szanszkrit kifejezés a legegyszerűbb és legközvetlenebb fajta megismerésre vonatkozik. Ez a fajta megismerés minden lény tudatának legmélyén megtalálható. A tibetiek ezért úgy nevezték el: „a tudásnak az a bizonyos fajtája, amely az ősi kezdetektől fogva jelen van". A tibeti megfogalmazás miatt gyakran „őseredeti bölcsességnek" is fordítják, ez azonban túlzás; egyszerűen csak a lehető legalapvetőbb megismerés értelmében vett bölcsességről van szó.

A bölcsesség nem úgy működik, mint a szamszárikus elme, hanem önmagában és önmagától jelenik meg, ok-okozatiságtól függetlenül. Ezért gyakran „önmagától felmerülő bölcsesség" néven emlegetik.

Dharmakája, Tib. *chos sku*: E kifejezés a buddhizmus általános tanításai szerint a buddha tudatára vonatkozik; a *dharma* valóságot, a *kája* pedig testet jelent. A Nagy Beteljesedés egyik gyakorlatában, az Áttörésben, ezen felül egy különleges módszert is jelent, melynek segítségével az ember gyorsan elérheti a megszabadulást.

Dharmatá, Tib. *chos nyid*: E fogalom általánosságban valaminek a létmódjára utal, és szinte bármire alkalmazható – olyasvalamit jelent, mint a „tényleges valóság" (lásd ott). Például: a víz *dharmatá*ja az, hogy nedves; a létesülés *bardó*jának pedig az a *dharmatá*ja, hogy ott a lények egy szamszárikus, létesülő létmódban vannak, mielőtt egy természetes *bardó*ba kerülnének. A tibeti buddhizmusban legtöbbször „a valóság *dharmatá*ja" értelemben használják, ez azonban csak egy konkrét esete a kifejezés sokkal tágabb jelentésének. Ahhoz, hogy az ember sikeresen olvashassa el azon szövegeket, melyekben e kifejezés elő szokott fordulni, meg kell értenie, hogy annak van egy általános jelentése, amit mindig az adott kontextusra kell alkalmazni.

Diszkurzív gondolkodás, Szkt. *vikalpa*, Tib. *rnam rtog*: E kifejezés nem egyszerűen csak azt a felszíni tudatmozgást jelöli, mely olyan, mintha az ember fejében beszélne valaki, hanem mindazon fogalmi folyamatok teljes egészére vonatkozik, amelyek a tudatnak bármely érzékszerv bármely tárgyával való érintkezése nyomán fakadnak. A szanszkrit és a tibeti szó pontos jelentése „(dualisztikus) gondolkodás, amely a különböző, (az érzékszervek kapuiban érzékelt, felületes tárgyak között csapongó tudatból származik)".

Eltúlzás, Tib. *sgro 'dogs*: E kifejezést a buddhizmusban kétféle módon használják. Először is, általánosságban véve, félreértést jelent olyan szempontból, hogy az ember a kelleténél többet tesz hozzá egy dolog megismeréséhez. Másodsorban, használatával különösen arra utalnak, hogy a dualisztikus tudat mindig felnagyítja vagy eltúlozza azt a tárgyat, amelyet vizsgál. A kettős tudat mindig hozzáteszi a konkrétság, állandóság, egyedülállóság és a többi képzetét mindahhoz, amire az általa használt fogalmakat vonatkoztatja. Az eltúlzás „elmetszése" vagy e felesleges kivetítések eltávolítását jelenti, ha az ember helyesen szeretne érteni valamit, vagy pedig a kettős tudatfolyamat teljes felszámolását, ha a jelenségek kettősség nélküli valóságát szeretné felfogni.

Éberség, Tib. *shes bzhin*: Az éberség meghatározott tudati esemény, amely a dualisztikus tudatban játszódik le. Egy másik tudati eseménnyel, a figyelemmel együtt e két tudatműködést kell kifejleszteni a *samatha*, azaz a tudati egyhegyűség kialakításához. Ilyenkor a figyelem az, ami nem feledkezik meg az összpontosítás tárgyáról, és rajta tartja az ember tudatát; az éberség pedig állandóan őrködik a helyzet felett, nehogy a figyelem ellankadjon. Ha a figyelem elterelődik, akkor az éberség azt azonnal észreveszi, és tájékoztatja a tudatot, hogy helyreálljon a figyelem állapota.

Felismerés, Tib. *rtogs pa*: A felismerésnek a buddhizmusban különleges jelentése van: oly módon megszerzett, helyes tudásra vonatkozik, mely attól kezdve érvényes marad. Itt két fontos dolgot kell megjegyeznünk. Először is a felismerés nem teljes. Az elhomályosulások egyenkénti eltávolítására vonatkozik. Valahányszor a gyakorló leveti az elhomályosulás egy rétegét, általa szert tesz egy felismerésre. Így aztán a felismerésnek is annyi szintje van, mint az elhomályosulásoknak. A *felismerések ékessége* című értekezésében Maitréja bemutatja, hogy a szamszárikus létezés három birodalmával járó, különféle elhomályosulások eltávolítása hogyan váltja ki a felismeréseket.

Másodszor a felismerés tartós, vagyis – ahogy a tibeti fogalmaz – „változatlan". Ahogy Guru Rinpócse rámutatott: „Az intellektuális ismeret olyan, mint egy folt, amely leszakad; az ösvényen szerzett tapasztalatok átmenetiek, elpárolognak mint a harmat; a felismerés azonban változatlan".

A Lényeg Mahámudrá és Nagy Beteljesedés tanításokban néha különleges módon használják a „felismerés" szót. Azt érzékeltetik vele, mi történik abban a pillanatban, amikor az ember találkozik a tudat természetével – vagy akkor, amikor azt bemutatják neki, vagy amikor felismeri önmagától. Azért hívják ezt felismerésnek, mert abban a pillanatban az ember közvetlenül látja meg a benne rejlő bölcsesség-tudatot. E felismerés még nem feltétlenül tartós, de felismerés.

Figyelem, Szkt. *szmriti*, Tib. *dran pa*: Egy bizonyos tudati esemény, amely képes a tudatot a tárgyon tartani. Az éberséggel együtt a *samatha* kifejlesztésének oka. Magyarázatát lásd az *éberség* címszó alatt.

Formálóerők, Szkt. *szamszkára*, Tib. *'du byed*. E kifejezést általában „képződményeknek" fordítják, a képződmény azonban az eredménye annak, ami a megformálódását okozta, e fogalom pedig inkább a képződményt létrehozó alanyra vonatkozik. A formálóerők, melyek az öt halmaz közül a negyediket alkotják, egy jövőbeli halmaz-csoport létrejövetelét okozzák az illető tudatfolytonosság számára. Az alkotóerőknek két típusa van: az egyik tudatfajtákból, a másik nem tudatfajtákból áll. Az első típushoz tartozik mindenféle gyötrelem.

Gyönyör, tündöklés és gondolatmentesség, Tib. *bde gsal mi rtog pa*: Aki ténylegesen foglalkozik meditációs gyakorlatokkal, annak a gyakorlás jelei különféle átmeneti élmények formájában jelentkeznek. Az ember többnyire háromfajta élménnyel találkozik: gyönyörrel, tündökléssel és gondolatmentességgel. A gyönyör testi vagy/és tudati fesztelenség, a tündöklés a tudat megismerő tényezője, a gondolatmentesség pedig a tudatban bekövetkező gondolatok hiánya. E hármast általában a meditáció gyakorlása folytán felmerülő, múló élmények tárgyalásakor szokták említeni, de úgy is le lehet írni azokat, mint a felismerés végső tapasztalatait.

Megjegyzés: A kifejezést sokszor „gyönyör, világosság és gondolatmentességnek" fordítják, de ebben az a hiba, hogy a tündöklésnek megfelelő szó a kifejezésben le van rövidítve, a fordítók pedig valami másnak értelmezték.

Gyötrelem, Szkt. *klésa*, Tib. *nyon mongs*: E fogalmat általában érzelemnek, zavaró érzelemnek és hasonlóknak fordítják, holott a Buddha igen konkrétan meghatározta a szó jelentését. Amikor a Buddha az érzelmekről – emóciókról, szó szerint „tudati mozdulatokról" – beszélt, sosem így utalt rájuk, hanem szanszkritul *klésá*knak nevezte őket, ami pontosan „gyötrelmeket" jelent. A buddhista tanítás alapjához tartozik, hogy a lényeket mindig érzelmi gyötrelmek sújtják, melyek már az adott pillanatban problémát jelentenek, a jövőben pedig még több gondot okoznak nekik.

Három jármű, *theg pa gsum*: A Buddha összes tanítása három „jármű" alá sorolható. Mindegyik jármű egy teljes tanítássorozat, amely az embert a szellemi megvalósítás egy bizonyos szintjére juttatja. Az első, a Kisebb Jármű, olyan tanításrendszer, amely kijuttatja az embert a körkörös létezésből, de nem vezeti el a teljes megvilágosodásig. A második, a Nagy Jármű, azért „nagy" a Kisebb Járműhöz képest, mert az teljes megvilágosodáshoz vezetheti az embert. A harmadik jármű, a Vadzsra Jármű, szintén teljes megvilágosodáshoz juttathatja az embert. A Nagy és a Vadzsra Jármű között az a különbség, hogy az első exoterikus tanításokat tartalmaz, melyek bárki számára alkalmasak, a második pedig ezoterikus tanításokat, melyek nem valók mindenkinek. A Nagy Jármű és a Vadzsra Jármű egyforma szintű megvalósításhoz vezet, ám az első lassan, fokozatosan, a második pedig igen gyorsan halad. A Nagy Jármű a Buddha szútra tanításainak, a Vadzsra Jármű pedig a tantrikus tanítások felhasználásával halad előre.

Három kája: Lásd a *kája* címszó alatt.

Járulékos, Tib. *glo bur*: E kifejezés olyasvalamire vonatkozik, ami valaminek a felszínén bukkan fel, és nem tartozik hozzá az adott dologhoz. Ezért, noha gyakran „hirtelennek" fordították, ez csak a fél jelentését adja vissza. A buddhista irodalomban egy járulékos dolog felszíni jelenség gyanánt merül fel, majd újra eltűnik – pontosan azért, mert valójában nem tartozik hozzá ahhoz a dologhoz, amelynek a felszínén megjelent. Gyakran használják a gyötrelmekkel kapcsolatban, mivel azok a tudat felszínén bukkannak fel, de nem tartoznak hozzá magához a buddha-természethez.

Kagyü, Tib. *bka' brgyud*: Tibet négy legnagyobb buddhista iskolája a *Nyingma*, *Kagyü*, *Szakja* és *Gelug*. A *Nyingma* a legrégebbi iskola, mely körülbelül Kr.u. 800-ból ered. A *Kagyü* és a *Szakja* a 12. században jelent meg. E három iskola mindegyike közvetlenül Indiából származik. A *Gelug* iskola később keletkezett, és nem közvetlenül Indiából, hanem a másik három iskolából származik. A *Nyingma* iskola a Nagy Beteljesedés (*Dzogcsen*) nevű tantrikus tanításokat hordozza, a másik három pedig a *Mahámudrá* nevű tantrikus tanok fenntartója. A *Kagyü* követői sokszor a *Nyingma* gyakorlataival ötvözik a saját gyakorlataikat, tanítói pedig gyakran mindkettőt oktatják, ezért a két iskolát gyakran együtt emlegetik.

Kája, Tib. *sku*: A szanszkrit kifejezés különböző, összefüggő alkotórészek működőképes összességére vonatkozik, és így – a francia *corps* szóhoz hasonlóan – „testet" is jelent. A buddhista szövegekben kifejezetten arra használják, hogy a megvilágosult oldalhoz tartozó testeket megkülönböztessék a szamszárikus oldalhoz tartozóktól.

A megvilágosult lét a buddhizmus szerint egy vagy több *kájá*ból áll. A leggyakoribb magyarázat szerint egy, két, három, négy, vagy öt *kájá*ból tevődik össze; bár hangsúlyozzák, hogy a megvilágosult létnek végtelen sok aspektusa van, s ezért azt is mondhatnánk, hogy végtelen számú *kájá*ból áll. Azon leírások, melyek szerint a megvilágosult lét egy vagy több *kájá*ból áll, valójában olyasvalamit próbálnak érzékeltetni, ami túl van a fogalmi felfogáson, ezért nem érdemes azokat örök érvényű kijelentéseknek tekinteni.

A megvilágosult lét a legáltalánosabb leírás szerint három *kájá*ból: *dharma-*, *szambhóga-* és *nirmána-kájá*ból áll. Tömören fogalmazva: a *dharmakája* a valóság teste, a *szambhógakája* a megvilágosodás kiválóságaiban bővelkedő test, a *nirmánakája* pedig a *szamszára* és *nirvána* világaiban a lények megsegítésére megnyilvánított test.

A *dharmakája* a megvilágosult lét azon arculatára vonatkozik, melyben a lény önmaga látja be a valóságot, és ezzel kielégíti a saját megvilágosodásra való igényét. A *dharmakája* tisztán csak tudat, formája nincs. A két további test a *rúpakáják* – vagyis kifejezetten a meg nem világosodott lények szükségleteinek kielégítésére megnyilvánított testek – típusához tartozik. A *szambhógakáját* eddig leginkább „élvezet-testnek" vagy „gyönyörűség-testnek" fordították, pedig a róla szóló buddhista szövegek világosan kijelentik, hogy a szó egy hasznos dolgokban bővelkedő helyzetre vonatkozik, vagyis arra, hogy a *szambhógakája* tartalmazza a megvilágosodás összes kiválóságát, amire szükség van az érzőlények megsegítéséhez. A *szambhógakája* igen nehezen felfogható, és az érzőlények többsége nem is képes megközelíteni, a *nirmánakája* azonban durvább megnyilvánulás, mely többféleképpen is elérheti az érzőlényeket. A *nirmánákáját* nem fizikai testként kell felfogni, hanem úgy, mint a megvilágosult lét kifejezésre juttatásának képességét mindenféle módon, amire az érzőlények különböző világaiban szükség lehet. Épp annyira tehát, mint amennyire legfőbb buddhaként jelenik meg, aki a Dharmát mutatja a lényeknek, bármi olyasfajta dolog képét is felöltheti, amire az érzőlények világaiban szükség lehet, és ami segíthet rajtuk.

A megvilágosult lét három *kájá*járól szóló tan a buddhista tanítás minden szintjén megjelenik. Különösen fontos szerepet játszik a Mahámudrában és a Nagy Beteljesülésben, mely irányzatok egyedülálló, igen mély tanításokat fogalmaznak meg a három *kájá*val kapcsolatban.

A négy *kája* többnyire a fent ecsetelt három *kájá*ra, valamint negyedikként a *szvabhávika-kájá*ra, a leglényegibb testre vonatkozik. E *kája* meghatározása szerint nem más, mint mindhárom *kája* közös üressége, vagyis az a tény, hogy mindhárom *kája* egyaránt üres. A négy *kája* esetenként a fent említett három *kájá*ra, negyedikként pedig a *mahászukha-*

*kájá*ra, a nagy gyönyör testére vonatkozik; a három *kája* együttesen teszi ki a megvilágosult létet, s ezért összességük a megvilágosodás nagy gyönyörének testét alkotja.

Az öt *kája* többnyire a három *kájá*ra és a *szvabhávika-kájá*ra vonatkozik, melyek a fenti meghatározás szerint egy négyes felosztást képeznek; a négy pedig együttesen a nagy gyönyör *mahászukha-kájá*ját alkotja.

Képzeletbeli, Szkt. *szamvritti*, Tib. *kun rdzob*: A „szuper-tényleges" (lásd ott) fogalompárja. E fogalmakat a múltban „relatívnak" illetve „abszolútnak" fordították, ám ezek egyáltalán nem adják vissza az eredeti szavak jelentését. E kifejezések roppant fontos szerepet játszanak a buddhizmus tanításaiban, ezért e fordításokat feltétlenül ki kell javítani. Ráadásul, ha nem magyarázzuk el pontosan, mit is jelentenek, akkor az azokkal kapcsolatos tanítást sem lehet megérteni.

A szanszkrit *szamvritti* kifejezés szándékos kitalálást, képzelgést, megtévesztést jelent. A tudatlan tudatra vontakozik, amely – mivel elhomályosult és nem látja az ürességet – nem igazi, hanem képzeletbeli. Ezért a dolgok, amelyek e tudatlanság számára létezni látszanak, szintén képzeletbeliek. A lények azonban, akik eme tudatlanságban élnek, mégis azt hiszik, hogy a tudatlanság szűrőjén keresztül számukra megmutatkozó dolgok valóságosak. E lények ezért képzeletbeli valóságban élnek.

Képzeletbeli és szuper-tényleges, Szkt. *szamvritti, paramártha*: A „relatív", illetve "abszolút" igazság általunk jelentősen javított fordításai. Röviden, a „képzeletbeli" eredeti szanszkrit megfelelője szándékosan létrehozott fikciót jelent, és a tudatlanság uralta tudat által kivetített világra vonatkozik. A „szuper-tény" eredeti megfelelője pedig azt a magasabb rendű tényt jelöli, amely egy nemes lény tudatának színén jelenik meg – olyasvalakién, aki felülmúlta a *szamszárá*t – és a maga valójában észlelt, tényleges valóságra vonatkozik. A „relatív" és az „abszolút" kifejezések egyáltalán nem adják vissza e jelentéseket, így azok használatakor azok itt kifejtett értelme egyszerűen elsikkad.

Képzeletbeli valóság, Szkt. *szamvritti-szatja*, Tib. *kun rdzob bden pa*: Lásd a *képzeletbeli* címszó alatt.

Képzeletbeli valóságú megvilágosodás-tudat, Tib. *kun rdzob bden pa'i byang chub sems*: A Nagy Kocsiban szereplő fogalompár egyike, a másik a szuper-tényleges valóságú megvilágosodás-tudat. E fogalmak magyarázatát lásd a *képzeletbeli* és *szuper-tényleges* címszó alatt. A megvilágosodás-tudatnak két fajtája van. A képzeletbeli valóságú a szokványos típus: a magyarázatok szerint szeretetből és együttérzésből áll, mely az összes érzőlény érdekében történő, igazán teljes megvilágosodás elérésére irányuló szándékkal függ össze. A szuper-tényleges valóságú típus a végső, amit az ürességet közvetlenül érzékelő megvilágosodás-tudatként szokás meghatározni.

Kielégítetlenség, (a *szamszára*) ki nem elégítő volta, Szkt. *duhkhka*, Tib. *sdug bngal*: E fogalmat általában „szenvedésnek" szokás fordítani, ám ezzel több gond is van. Amikor a Buddha a szamszárikus létezés természetéről beszélt, azt mondta róla, hogy az nem kielégítő. A *duhkhka* kifejezést használta, mely magában foglalja a tényleges szenvedést is, ám sokkal több annál. A *duhkhka* egy fogalompár egyike, melynek másik tagja a *szukha*. Ezt általában „gyönyörnek" fordítják, de nem csak azt jelenti. A *duhkhka* valódi jelentése: „minden, ami a rossz oldalán van" – nem jó, kényelmetlen, kellemetlen, és így tovább. Így tehát olyasvalamit jelent, ami semmiféle szempontból nem kielégítő. Ellentéte, a *szukha* valódi jelentése: „minden, ami a jó oldalán van" – nem rossz, kényelmes, kellemes, és így tovább. Az tehát, hogy a Buddha teljesen megszabadult a szenvedésektől, voltaképpen azt jelenti, hogy teljesen megszabadította magát a *szamszára* ki nem elégítő voltától, melyhez a szenvedés minden fajtája, valamint a boldogság is hozzátartozik.

Körkörös létezés: Lásd a *szamszára* címszó alatt.

Kötődés, Tib. *zhen pa*: E kifejezés a buddhizmusban kifejezetten a kettős tudatfolyamatra vonatkozik, melynek során az ember a nem igazi, nem tiszta (és a többi) dolgokat tévesen igazinak, tisztának (és a többinek) tételezi, majd igen kívánatosnak tekintve azokat – holott nem azok –, ragaszkodni és kötődni kezd hozzájuk. Ez a kötődés egyfajta ragasztóként szolgál, amely az embert azért köti hozzá a körkörös létezés ki nem elégítő dolgaihoz, mert tévesen kívánatosnak látja azokat.

Mahámudrá, Tib. *phyag rgya chen po*: A Mahámudrá a valóságról szóló, végső értelmű tanítások egy csoportjának, valamint magának a valóságnak az elnevezése. Ennek bővebb magyarázatát lásd az alábbi könyvemben: *Gampopa's Mahamudra: The Five-Part Mahamudra of the Kagyus*, kiadja a Padma Karpo Translation Committee, 2008, ISBN 978-9937-2-0607-5.

Megvilágosodás-tudat, Szkt. *bódhicsitta*, Tib. *byang chub sems*: A Nagy Jármű egyik kulcsfogalma. Olyan tudattípust jelent, amely nem egy *arhat* alacsonyabb rendű megvilágosodásával, hanem egy igazán teljes buddha megvilágosodásával áll kapcsolatban. Olyan tudatot, amely az összes érzőlény ugyanazon buddhaszintre való eljuttatásának célkitűzésével kapcsolatos. Aki ilyen tudattal rendelkezik, az a Nagy Járműre szállt fel, és vagy bódhiszatva, vagy buddha.

Fontos megérteni, hogy a „megvilágosodás-tudat" a buddhasághoz vezető összes bódhiszatva-szint tudatára, és az ösvényt már végigjárt buddha tudatára egyaránt vonatkozik. Ezért az nem „a megvilágosodásra irányuló tudat", ahogy gyakorta fordítják, hanem „megvilágosodás-tudat"; vagyis az a tudatfajta, amely egy igazán teljes buddha tökéletes megvilágosodásával kapcsolatos, s amely jelen van mindazokban, akik a Nagy Járműhöz tartoznak. A kifejezést a szokványos Nagy Jármű és a Vadzsra Jármű tanításaiban egyaránt használják. A Vadzsra Jármű olykor különleges értelemben is használja, amikor a finom fizikai test tiszta aspektusának szubsztanciáit a megvilágosodás-tudat megnyilvánulásainak tekinti.

Menedék, Szkt. *saranam*, Tib. *bskyab pa*: A szanszkrit kifejezés "menedékhelyet", "bajtól való védelmet" jelent. Mindenki igyekszik menedékre lelni az élet ki nem elégítő mivolta elől; akár még egy egyszerű fogmosással is, hogy megelőzze a test felesleges károsodását. A buddhisták, miután alaposan elgondolkodtak helyzetükön és azon, ki menekíthetné meg őket attól, arra jöttek rá, hogy kizárólag három dolog – a Buddha, a Dharma és a Szangha – nyújthat az embernek ilyenfajta menedéket. A buddhisták ezért az úgynevezett Menedék Három Ékkövénél lelnek menedéket. A Három Ékkőben való "menedékvételt" világosan úgy jelölik meg, mint az összes buddhista gyakorlat és felismerés egyetlen kapuját.

Mibenlét, Tib. *ngo bo*: Egy dolog mibenléte pontosan az, ami az a dolog. Magyarul általában egyszerűen egy "dologról", nem pedig egy mibenlétről beszélnénk. A buddhizmusban azonban a "dolognak" igen meghatározott jelentése van, mely nem felel meg a magyar szó általános értelmének. Szokásossá vált e kifejezést "lényegnek" fordítani; helyes fordítása azonban legtöbbször inkább "mibenlét" – vagyis a dolgok mibenléte, nem pedig azok lényege.

Nagy Beteljesedés, Tib. *rdzogs pa chen po*: Az ősi India buddhista tradícióiban két fő valóság-gyakorlat fejlődött ki, mely aztán Tibetbe került: A Nagy Beteljesedés (Mahászandhi) és a Nagy Pecsét (Mahámudrá). A Nagy Beteljesedés és a Nagy Pecsét a valóság elnevezései, egyszersmind két gyakorlat, mely egyenesen a valósághoz vezet. Igen hasonlóképpen írják le a valóságot, és gyakorlataik között is sok hasonlóság van. A Nagy Beteljesedés a buddhizmus tantrikus tanításainak csúcsa, amely először Padmaszambhava és társai révén került Tibetbe, később pedig a *Nyingma* (régi) hagyományban tartották életben. A Nagy Pecsét gyakorlat később került Tibetbe, és a *Szakja* és *Kagyü* vonalak tartották fenn. A Nagy Pecsét hagyománya később a *Gelukpa* iskolában is meghonosodott, mely a *Kagyü* és a *Szakja* hagyománytól szerezte meg az utasításokat. Manapság sokan Nagy Tökéletességnek hívják a Nagy Beteljesedést, ez azonban téves. Az eredeti *Mahászandhi* elnevezés a valóság egységes terére vonatkozik, ahol az összes dolog összegyűlik. Így tehát „teljességet" vagy – ahogy a tibetiek fordították – „beteljesülést" jelent, és nem sugallja, nem tartalmazza a „tökéletesség" képzetét.

Nagy Jármű, Szkt. *mahájána*, Tib. *theg pa chen po*: A Buddha tanításainak egésze három járműre osztható; a „jármű" itt olyasvalamit jelent, ami az embert egy bizonyos célhoz juttathatja. Az első jármű – az úgynevezett Kisebb Jármű – olyan tanításokat tartalmaz, amelyek megmutatják a körkörös létezés ki nem elégítő voltát és az abból való megszabadulás útját, elindítva ezzel az embert a szellemi ösvényen. Ez az ösvény azonban csak a személyes megszabadulással törődik, és nem veszi figyelembe a létezésben részt vevő összes többi lényt. Indiában régen tizennyolc iskola tartozott a Kisebb Járműhöz, mára azonban csak a délkelet-ázsiai *Théraváda* iskola maradt fenn közülük. A Nagy Jármű az azt követő lépés. A Buddha magyarázatai szerint ez hét okból is „nagy" a Kisebb Járműhöz képest. Az első az, hogy célja egy igazán teljes buddha igazán teljes megvilágosodásának elérése az összes érzőlény érdekében; míg a Kisebb Jármű csak személyes megszabadulásra irányul, mely nem igazán teljes megvilágosodás, és csak az illető gyakorló célját szolgálja. A Nagy Kocsi két részre osztható: egy szokványos fajtára, melyben az ösvényt logikus, szokványos módon tanítják, és egy nem szokványos fajtára, melyben az ösvényt igen közvetlen módon tanítják. Ez utóbbi járművet Vadzsra Járműnek nevezik, mert az ember saját tudatának legbensőbb, elpusztíthatatlan (*vadzsra*) valóságát használja a megvilágosodás járművéül.

Nemes (ember) Szkt. *árja*, Tib. *'phags pa*: A buddhizmusban a nemes ember olyasvalaki, aki szellemi fejlődése során eljutott odáig, hogy felülmúlja a körkörös létezést. A Buddha szerint a körkörös létezésben lévő közönséges lények alkotják a „szellemi köznépet"; azon különleges lények pedig, akik már felülmúlták azt, a nemességhez tartoznak.

Pradnyá, Tib. *shes rab*: A szó szerint „legjobb fajta tudatot" jelentő szanszkrit kifejezést úgy szokás meghatározni, mint ami képes helyes megkülönböztetéseket tenni, és ezért helytálló következtetésekre jut. Korábban „bölcsességnek" fordították, ám ez nem helyes, mivel ez – általánosságban szólva – a dusliztikus tudathoz tartozó tudati esemény; a „bölcsesség" kifejezéssel pedig a Buddha nem-kettős megismerésére utalunk. Továbbá a *pradnyá* fő jellegzetessége az, hogy meg tudja különböztetni egymástól a dolgokat, és így helyes felfogást alkot róluk.

Racionális elme (ész), Tib. *blo*: A „racionális elme" a buddhista terminológiában a tudatra vonatkozó számos kifejezés egyike. Kifejezetten arra a tudatra vonatkozik, mely egymással szembeállítva ítéli meg a dolgokat. Ritka kivétellel a szamszárikus tudatra utalnak használatával – tekintve, hogy a szamszárikus tudat kizárólag az „ezt és azt" összehasonlító, kettős üzemmódban működik. Emiatt a kifejezést legtöbbször rosszalló értelemben használják a szamszárikus tudat jellemzésére a megvilágosult típusú tudattal szemben.

A *Gelukpa* hagyomány olykor pozitív jelentést tulajdonít e kifejezésnek, s irataikban gyakran ily módon is használják, azt állítják, hogy a Buddha rendelkezik e tudat megvilágosult típusával. Ez nem téves, a buddha bölcsességének ama képességére, hogy „ez és az" között különbséget tegyen, valóban utalhatunk a „racionális elme" kifejezéssel. A *Kagyü* és *Nyingma* tradíciók Mahámudrá és Nagy Beteljesedés tanításaiban azonban csak a kettős tudatra tartják fenn e kifejezést. Az ő tanításaik szerint a racionális elme, úgymond, a gonosztevő, akit el kell távolítani a gyakorló lényéből a megvilágosodás elérése érdekében.

E kifejezést eddig általában egyszerűen csak „tudatnak" fordították, ám ezzel nem teszik lehetővé e fogalom pontos beazonosítását, és az összetéveszthető marad számos más szóval, melyeket szintén egyszerűen „tudatnak" fordítanak. Nem csak egy másik fajta tudatról van szó, hanem kifejezetten arról a tudatról, amely az „ebből és abból" álló helyzetet (latinul *ratio*) létrehozza, és így – legalábbis a *Kagyü* és *Nyingma* iskolák tanításai szerint – fenntartja a *szamszára* kettősségét. Ez esetben mindez épp ellentétes a tudat lényegével. Így hát ez olyan kulcsfogalom, melyet tudomásul kell vennünk, nem pedig csak „tudatként" elintéznünk.

Rísí, Tib. *drang srong*: A *risi* szent ember. A szanszkrit szó olyasvalakit jelent, aki kellő színvonalú szellemi teljesítménnyel és tudással rendelkezik ahhoz, hogy képes legyen másokat is magával vinni a szellemi útra. Általános megnevezés volt ez a régi Indiában, ahol számos *risi* élt az idők során. A Buddhát gyakran „a *risi* nek", vagyis minden *risí risi*jének, illetve nagy *risi*nek, vagyis az összes *risi* legnagyobbikának nevezték.

Samatha, Tib. *zhi gnas*: Így hívják ama két fő meditációs gyakorlat egyikét, melyet a buddhista hagyományban a valóságba történő betekintés megszerzésére használnak. Ez a gyakorlat hozza létre azt a tudati egyhegyűséget, melynek alapján a másik gyakorlat, a *vipasjaná* során szerzett belátás kifejleszthető. Ha a gyakorló véghezviszi a *samatha* kifejlesztését, annak eredményeképpen tudata erőfeszítés nélkül, szilárdan időzik a tárgyán, testét pedig könnyedség tölti el. A gyakorlat ezen eredményét összességében „a testi és tudati megmunkálhatóság megteremtésének" nevezik.

Szamszára, Tib. *'khor ba*: Ez a legáltalánosabb elnevezés az olyanfajta létezésre, melyet az érzőlények folytatnak. Arra vonatkozik, hogy létesülésből létesülésbe vándorolnak, mindig olyan születések korlátai között, melyeket a tudatlanság idéz elő, s melyekben nem nyernek kielégülést. Az eredeti szanszkrit kifejezés állandó ide-oda bolyongást jelent. A tibeti kifejezés szó szerint „körzést" (körben járást) jelent, s ezért gyakran „körkörös létezésnek" fordítják, noha az nem fedi pontosan a jelentését.

Szatva és szattva, A tibeti hagyomány szerint, amely a Szamje kolostorban, Padmaszambhava felügyelete alatt végzett nagy fordítások idejéből származik – nem is szólva a szanszkrit nyelvű India százhatvanhárom legnagyobb buddhista tudósáról –, a szanszkrit *szatva* és *szattva* szavak között jelentéskülönbség van. A *szatva* „hősies lényt", a *szattva* pedig egyszerűen „lényt" jelent. A fent említett indiai tudósok tanácsára létesített tibeti hagyomány szerint, a *Vadzsraszatva* és *bódhiszatva* szavak esetében a *szatva*, a *szamajaszattva, szamádhiszattva* és *dnyánaszattva* szavak esetében pedig a *szattva* a helyes alak. Az utóbbit egyedül is használják e három *szattva* bármelyikére vagy mindegyikére.

A nagy fordítók idejétől kezdve minden tibeti szöveg ehhez a rendszerhez alkalmazkodik, és minden tibeti szakértő megegyezik abban, hogy az helyes. A tibeti szövegek nyugati fordítói azonban az utóbbi pár száz évben úgy gondolták, hogy ők jobban tudják, és a *szatvá*t mindenhol *szattvá*ra cserélték – összezavarva a nyugatiakat, amikor azok a helyes írásmóddal találták szembe magukat. Csak nemrégiben kezdtek megjelenni nyugati szanszkrit tudósok cikkei, melyekben a nagy szakértők végre bevallják, hogy tévedtek, és a tibeti hagyománynak kezdettől fogva igaza volt!

Szugata, Tib. *bde bar gshegs pa*: E kifejezés a Buddha számos nevének egyike. Jelentése kétrétű: egyrészt olyasvalakire utal, aki jófajta, kellemes utazásra ment, másrészt olyasvalakire, aki egy békés, kellemes, nyugodt helyre érkezett. A buddhasággal összefüggő jelentésének kifejtését lásd alábbi könyvemben: *Unending Auspiciousness, the Sutra of the Recollection of the Noble Three Jewels*, kiadja a Padma Karpo Translation Committee, 2010, ISBN: 978-9937-8386-1-0.

Szugatagarbha, Tib. *bde bar gshegs pa'i snying po*: Azon kifejezéspár egyike, amely a buddhaság elérésének az összes érzőlényben meglévő lehetőségére vonatkozik. A másik ilyen kifejezés a *tathágatagarbha*. A szanszkrit *garbha* elsősorban olyasvalamit jelent, ami hatékony, de van egy külső héja, mint a magnak. Valaminek a melegágyára vagy méhére is vonatkozhat, amiből valami létrejöhet. Mindkét jelentés alkalmazható. A tibetiek a *snying po* szóval fordították le a *garbhá*t, aminek több jelentése is van, de ez esetben valaminek a „lényegét", „benső magvát" jelenti. Ily módon értelmezték tehát a buddha-természetet. Összességében tehát a szamszárikus lét elhomályosulásai közt rejtező magot jelent, amely lehetővé teszi, hogy az ember *szugatá*vá, *tathágatá*vá, vagyis buddhává váljon.

A *szugatagarbha* alapvetően ugyanazt jelenti, mint a *tathágatagarbha*, csak gyakorlatiasabb beszédmódban; míg a *tathágatagarbha* inkább elméleti. Amikor a szerző e lényegiség gyakorlati lehetőségeiről szól, amelyet megvilágosult létté lehet fejleszteni, akkor a *szugatagarbha* kifejezést használja. A harmadik kerékmegforgatáshoz tartozó szútrákban, például, a Buddha *tathágatagarbhá*ról beszél, amikor felvázolja a buddha-természet elméletét, de amikor a bölcsességről szól, amit ténylegesen el kell érni, akkor átvált a *szugatagarbha* kifejezésre. Hasonlóképpen, a tantrák, melyek elsősorban a bölcsesség gyakorlatban történő elérésével foglalkoznak, a *szugatagarbha* kifejezést használják, a *tathágatagarbhá*t csak ritkán. Lásd még a *Szugata* címszó alatt.

Szuper-tényleges, Szkt. *paramártha*, Tib. *don dam*: A „képzeletbeli" (lásd ott) fogalompárja. E fogalmakat a múltban „relatívnak", illetve „abszolútnak" fordították, ám ezek egyáltalán nem adják vissza az eredeti szavak jelentését. E kifejezések roppant fontos szerepet játszanak a buddhizmus tanításaiban, ezért e fordításokat feltétlenül ki kell javítani. Ráadásul, ha nem magyarázzuk el, pontosan mit is jelentenek, akkor az azokkal kapcsolatos tanítást sem lehet megérteni.

GLOSSZÁRIUM 161

Szuper-tényleges valóság, Szkt. *paramártha-szatja*, Tib. *don dam bden pa*: Lásd a *szuper-tényleges* címszó alatt.

Szuper-tényleges valóságú megvilágosodás-tudat, Tib. *don dam bden pa'i byang chub sems*: A Nagy Kocsiban szereplő fogalompár egyike, a másik a képzeletbeli valóságú megvilágosodás-tudat. Magyarázatát lásd ott.

A szanszkrit kifejezés szó szerint annak tényét (*artha*) jelenti, ami „mindenek fölötti, különleges, magasabb rendű" (*parama*), és ama bölcsesség-tudatra vonatkozik, mely rendelkezésére áll mindazoknak, akik szellemi fejlődésük során eljutottak a *szamszára* felülmúlásáig. E bölcsesség magasabb rendű a közönséges, szellemileg fejletlen lények tudatosságánál, a felszínén megjelenő tények pedig a közönséges emberek tudatosságában megjelenő tényekhez képest felsőbb rendűek. Ezért „szuper-tény", avagy – irodalmi nyelvezetben – „szent tény". Amit e bölcsesség tud, az azzal rendelkező lények számára valós, ezért ez szuper-tényleges valóság.

Tathágatagarbha, Tib. *de bzhin gshegs pa'i snying po*: E szó a *Tathágata* vagy *Szugata garbhá*ját, vagyis magvát jelenti. Lásd a *szugatagarbha* címszó alatt.

Teljes tisztaság, Tib. *rnam dag*: E kifejezés egy buddha tudatának kiválóságára vonatkozik, amely egy érzőlény tudatához képest teljesen tiszta. A *szamszárá*ban élő lények tudatának eredendően tiszta természetét elfedi a dualisztikus tudat mocska. Ha a lény helyesen gyakorol, akkor eltávolíthatja a tisztátalanságot, s a tudatot visszaállíthatja a teljes tisztaság eredeti állapotába.

Természet Nagy Beteljesedés, Tib. *rang bzhin rdzogs pa chen po*: A Nagy Beteljesedés számos elnevezésének egyike, amely a Nagy Beteljesedés ösvény-aspektusát hangsúlyozza. Nem „természetes nagy beteljesedés" vagy „igaz természet nagy beteljesedés", ahogy gyakorta látni. Nyelvtanilag, az első szó a „természet" főnév, nem pedig a „természetes" melléknév. Jelentését tekintve, azért használják a „természet" főnevet, mert kimondottan a természetre utalnak a tudat lényegének azon három jellegzetessége – mibenléte, természete és megállíthatatlan együttérző tevékenysége – közül, melyet a gyakorló által megtapasztalt Nagy Beteljesülés érzékeltetésére használnak. Így e fenti elnevezés a Nagy Beteljesülés által alkalmazott megközelítésre vonatkozik, nem pedig arra, hogy az egy természetes gyakorlat, sem hogy a „természetes valósággal" kapcsolatos, sem a sok más, hibás jelentésre, ami a „természet Nagy Beteljesedés" helytelen fordításából adódik.

Tény, Szkt. *artha*, Tib. *don*: A „tény" valamely tárgyról alkotott tudást jelent, amely a tudat vagy a bölcsesség felszínén jelenik meg. A tény nem maga a tárgy, hanem az, amit a tudat vagy a bölcsesség ért alatta. A tényt kétféleképpen lehet érteni: kettős és nem-kettős tudat által ismert tényként. A magasabb tantrákban sokszor kifejezetten a tényleges valóság közvetlen észlelésében felismert tényre vonatkozik. Így az olyan kifejezések, mint például a „ténylegesen", nem azt jelentik, hogy a szerző igazat szól valamiről, hanem azt, hogy amit mondani fog, az a bölcsesség előtt ismert, tényleges valóságra vonatkozik. A helyzetet az is bonyolítja, hogy ilyenkor a „ténylegesen" és ehhez hasonló kifejezések sokszor a „szuper-ténylegesen" rövidítései. Ez azért okoz további nehézségeket az olvasónak, mert a „szuper-tény" használható közvetlenül észlelt nem szamszárikus tényre általánosságban, vagy pedig sajátos definíciójának megfelelően (lásd a *szuper-tényleges* címszó alatt). A buddhista hagyományban az ilyen problémákat úgy szokták megoldani, hogy az ember elmagyaráztatja magának a szöveget a tanítójával. Ez talán nem minden olvasó számára lehetséges, ezért a „tény" szó használatait mindig gondosan meg kell vizsgálni, hogy vajon általános értelemben vett tényre, vagy a közvetlen észleléssel megismert valóság tényleges helyzetére vonatkozik-e.

Tényleges valóság, Tib. *gnas lugs*: Kulcsfogalom mind a szútrában, mind a tantrában, és egy fogalompár egyik tagja: a másik a „látszólagos valóság" (Tib. *snang lugs*). A két fogalmat egy helyzet valóságának meghatározására használják. Egy adott helyzet tényleges valósága az, ahogy (*lugs*) a helyzet valójában áll, illetve létezik (*gnas*); a látszólagos valóság pedig az, ahogy (*lugs*) az adott helyzet látszódik (*snang*) a szemlélőnek. Egy dolog nagyon sokféle módon látszódhat az aktuális körülményektől és az azt észlelő lényektől függően; ám azon körülményektől függetlenül, ahogy valójában van, mindig saját tényleges valósággal rendelkezik. E kifejezés gyakorta használatos a Mahámudrá és Nagy Beteljesedés tanításokban, ahol bármely adott jelenség vagy helyzet alapvető valóságára vonatkozik, mielőtt egy elvakult elme megváltoztatná, és másképp láttatná azt.

Tudat/elme, Szkt. *csitta*, Tib. *sems*: A buddhista hagyomány több szót is használ a „tudatra", és mindegyik sajátos jelentéssel bír. Jelen kifejezés a szamszárikus tudattípus legáltalánosabb elnevezése. A tudat azon fajtájára vonatkozik, amely a megvilágosult tudatot illető alapvető tudatlanság hatására képződik. Míg a megvilágosult tudat bölcsessége minden bonyodalomtól mentes, és nem-kettős megismerés jellemzi, addig e meg nem világosodott elme meglehetősen bonyolult szerkezet, mely kizárólag kettősségeket érzékel és kettősségekben gondolkodik.

A Mahámudrá és Nagy Beteljesedés tanításokban „a tudat mibenléte" kifejezéssel arra szoktak utalni, hogy e bonyolult, szamszárikus tudat legbensőbb valója a megvilágosult tudat.

Tudatosság, Szkt. *vidnyána*, Tib. *rnam shes*: A kifejezés „felületes tudomást" jelent. A tudatosság kettős tudomás (*dnyá*), mely egyszerűen regisztrál valamely felületes (*vi*) tárgyat. Például, a szem-tudatosság meghatározásnál fogva csak a felületes, látható formákat érzékeli. Igen fontos megjegyezni, hogy a *dnyá* szótőhöz illesztett *vi* a tudomás nem egészen tökéletes módját érzékelteti. Nem a bölcsesség-tudomásról van szó, amely minden felületes megnyilvánulást abszolút bonyodalommentesen ismer meg, hanem a tudomás egy behatárolt fajtájáról, amely mindig egyfajta felületes jelenség megismerésére korlátozódik, s amely a (kettős) tudatnak nevezett bonyolult – és egyáltalán nem kielégítő – folyamathoz tartozik. Ne feledjük el, hogy e meghatározást – mely igen fontos ahhoz, hogy a tudatosság szamszárikus létben betöltött szerepét megérthessük – a szanszkrit és a tibeti kifejezés pontosan visszaadja; az angol *consciousness* és a magyar *tudatosság* azonban egyáltalán nem képes erre.

Tudomás, Szkt. *dnyá*, Tib. *shes pa*: Fordításainkban a „tudomás" mindig az alapvető tudati megismerőre vonatkozik, vagyis – ahogy maga a buddhista tanítás definiálja – „mindenfajta észlelő tudat általános elnevezése" – legyen az akár kettős, akár nem kettős. Így tehát mind a *szamszára*, mint a *nirvána* tudomására használatos; például, a tudatosság (Tib. *rnam par shes pa*) kettős tudomásfajta, a *rigpa*, a bölcsesség (Tib. *ye shes*) és a többi pedig nem-kettős tudomásfajták.

Tündöklés vagy megvilágítás, Szkt. *prabhászvara*, Tib. *'od gsal ba*: A tudat magvának két oldala van: egy üresség-tényező és egy megismerő tényező. A Buddha és más indiai vallási tanítók a tudat magvának megismerési képességét hívták képletesen „tündöklésnek". Amit magyarul így mondanánk: „A tudat megismerésre képes", azt a régi indiai tanítók úgy mondanák: „A tudat megvilágításra képes; olyan, mint egy fényforrás, mely megvilágítja, amit megismer".

E kifejezést általában „tiszta fénynek" fordítják, ám ez a szó etimológiájának meg nem értéséből fakadó tévedés. Nem egy olyan fényre utal, amely a tisztaság minőségével rendelkezik (aminek különben sem lenne értelme), hanem a tudat azon sajátosságára, hogy megvilágítja a dolgokat, ami az üres tudat természete.

Megjegyzés: A szanszkrit és tibeti buddhista irodalomban e kifejezés gyakorta rövidített – szanszkritul *vara*, tibetiül pedig *gsal ba* – formában jelenik meg, jelentésváltozás nélkül. Sajnálatos módon ezt egy másik szónak vélték és „tisztaságnak" fordították – holott ez ugyanaz a kifejezés, csak rövidítve.

Vadzsra Jármű, Szkt. *vadzsrajána,* Tib. *rdo rje'i theg pa:* Lásd a *Nagy Jármű* címszó alatt.

Vipasjaná, Tib. *lhag mthong:* Azon két legfontosabb meditációs gyakorlat egyikének szanszkrit elnevezése, melyek a buddhista rendszerben a valóságba történő betekintés megszerzéséhez szükségesek. A másik, a *samatha,* fenntartja a tudati öszszpontosítást, míg ez tekintetével a dolgok természetének mélyére hatol.

Zavarodottság, Tib. *'khrul pa:* E kifejezés a buddhizmusban többnyire az alapvető zavarodottságra vonatkozik, amikor az ember a tudatlanság folytán teljesen félreérti a dolgokat – bár azzal az általánosabb jelentéssel is bírhat, hogy az embernek rengeteg gondolata van, s emiatt össze van zavarodva. Az első esetben a következőképpen szokás definiálni: „A zavarodottság az, amikor a racionális elme számára jelenvalónak tűnik valami, ami nem az." Ez azt jelenti, hogy amikor az ember meglát egy tárgyat – például egy asztalt –, az igazán jelenvalónak tűnik számára, holott az valójában csak puszta függő megnyilvánulásként van jelen.

A SZERZŐRŐL, A PADMA KARPO FORDÍTÓI BIZOTTSÁGRÓL, ÉS TANULMÁNYI SEGÉDANYAGAIKRÓL

Az évek során valamennyi tanítóm arra bíztatott, hogy adjam tovább azt a tudást, amit – főleg a tibeti buddhista hagyomány terén folytatott – tanulmányoknak és gyakorlatoknak szentelt életem során összegyűjtöttem. Egyrészt arra bátorítottak, hogy tanítsak. Másrészt aggódtak, hogy noha a buddhizmusról rengeteg általános köny jelent és jelenik meg, kevés mutatja be közülük a hagyomány eredeti szövegeit. Ezért a buddhista könyvkiadók világának számos jelentős szereplőjével együtt arra is felbíztattak, hogy fordítsak, és a hagyomány egyes szövegeinek kiemelkedő minőségű fordításait jelentessem meg.

Tanítóim mindig elismerően jegyzik meg, milyen rendkívüli mennyiségű tanítást hallottam ebben az életemben. Ez olyan, rendkívül tájékozott és pontos fordításokat tesz lehetővé, amilyeneket ritkán látni. Röviden: az 1970-es években a *gelukpa* rendszert tanulmányoztam, gyakoroltam, majd tanítottam az ausztráliai Chenrezig Intézetben, melynek alapító tagja voltam. Én voltam az első ausztrál, akit a tibeti buddhista hagyományba szenteltek fel szerzetesnek. 1980-ban az Egyesült Államokba költöztem, hogy Vidjádhara Csögyam Trungpa Rinpócse lábainál tanuljak. Az ő Vadzsradhátu közösségében éltem (melyet ma Sambhalának neveznek), ahol tanultam és gyakoroltam az összes ott bemutatott *karma kagyü, nyingma,* és *sambhala* tanításokat. Alapító tagja voltam a Nálanda Fordítói Bizottságnak. A Vidjádhara nirvánája után – 1992-ben – Nepálba költöztem, ahol azóta is egyfolytában a *kagyü* tanításrendszer, valamint különösen a *Nyingma* hagyomány Nagy Beteljesedés rendszerének tanulmányozásával, gyakorlásával, fordításával és tanításával foglalkozom. Az elmúlt években hosszú időket töltöttem Tibetben a Nagy Beteljesedés legnagyobb élő tanítóival, akiktől e tanítás végső szintjeinek igen tiszta átadásait kaptam meg közvetlenül tibetiül, s gyakoltam ott elvonultságban. Így tehát nem csak egy tibeti hagyományban végeztem hosszabb tanulmányokat és gyakorlatokat, mint általában teszik, hanem a négy tibeti hagyomány közül háromban – a *Gelug*, a *Kagyü* és a *Nyingma* iskolában – valamint a *Théraváda* hagyományban is.

Mindezek alapján átfogó és hosszú távú megközelítést dolgoztam ki a fordítási munkálatokkal kapcsolatban. Egy nyelv esetében az embernek először a nyelv leírására szolgáló betűkészletre van szüksége. Ezért a Nálanda Fordítói Testület tagjaként az 1980-as években egypár évet egy tibeti szövegszerkesztő program és csúcsminőségű tibeti fontok kidolgozásával töltöttem. Ezután megbízható szótárakra van szükség. Ezért az 1990-es években pár évet az *Illuminator* tibeti-angol szótár és egy tibeti nyelvtanról szóló értekezés-sorozat megírásával, egy sor különböző, a tibeti buddhista szövegek tanulmányozásához és fordításához szükséges, kulcsfontosságú kézikönyv elkészítésével, valamint azzal töltöttem el, hogy tibeti szövegszerkesztő szoftverünket ellássam a tibeti szövegek fordításához és kutatásához szükséges eszközökkel. Ez idő alatt főfoglalkozásként több tibeti *guru*nak is tolmácsoltam, és vezettem a *Drukpa Kagyü* Örökség Projektet – mely akkoriban a legnagyobb tervezet volt Ázsiában a tibeti buddhista szövegek megóvására. Az elkészült szótárakkal,

TANULMÁNYI SEGÉDANYAGOK 169

nyelvtankönyvekkel és különleges szoftverekkel, és rengeteg tudással felszerelkezve, figyelmem 2000-ben a tibeti buddhista irodalom fontos szövegeinek lefordítására és megjelentetésére fordítottam.

A Padma Karpo Fordítói Bizottság (PKTC) arra a célra jött létre, hogy a fordítás és könyvkiadás munkájának otthont adjon. A Bizottság a tibeti irodalom legjavát tartalmazó könyvek, s főleg olyan könyvek létrehozatalára összpontosít, amelyek a gyakorlók szükségleteit elégítik ki. Mire ezt írjuk, a PKTC már könyvek széles skáláját jelentette meg, melyek együttesen teljes tanulmányi programot alkotnak a tibeti buddhizmus gyakorlói, s különösen a magasabb tantrák iránt érdeklődők számára. Öszszességében rengeteg ingyenes és megvásárolható könyvet találhatunk a PKTC honlapján. Túlnyomórészt nyomtatott kiadásban és elektronikus könyvként is beszerezhetők.

Túl sok helyet venne igénybe itt átfogó útmutatást adni könyveinkhez, s előadni, hogyan lehet azokra egy tanulmányi programot építeni. A PKTC honlapon azonban található egy ilyenfajta kalauz (címe könyvünk *copyright* oldalán található), melyből kiderül, hogy ez a könyv hogyan illeszkedik a PKTC publikációinak teljes rendszerébe. Röviden: tekintve, hogy e könyv a gyakorlás *Kagyü* iskola szerinti megközelítéséről szól, a PKTC alábbi könyveit ajánlom még az olvasó figyelmébe:

- *Gampopa's Mahamudra, The Five-Part Mahamudra of the Kagyus* (A Mahámudrá szemléletét és gyakorlásmódját bemutató szövegek gyűjteménye)
- *Drukchen Padma Karpo's Collected Works on Mahámudrá* (Az egyik legfontosabb *kagyü* szerző összes írása a Mahámudráról, számos részlettel a nem-kettős szemléletről)

- *The Bodyless Dakini Dharma: The Dakini Hearing Lineage of the Kagyus* (Több igen korai tanítás a szemléletről)
- *A Juggernaut of the Non-Dual View, Ultimate Teachings of the Second Drukchen Gyalwang Je* (Hatvanhat tanításból álló sorozat a végső szemléletről a *Drukpa Kagyü* iskola egyik korai mesterétől)
- *Maitripa's Writings on the View* (Különféle tanítások a szemléletről „a más-üresség atyjától")
- *Theory and Practice of Other Emptiness Taught Through Milarepa's Songs* (A más-üresség teljes magyarázata Milarepa két dalán keresztül, melyek a nem-kettős szemlélet kifejtéséről híresek)
- *Dusum Khyenpa's Songs and Teachings*. (Düszum Khjenpa dalai és tanításai)

Súlyt helyezünk rá, hogy lehetőség szerint a szóban forgó tibeti szövegeket is közöljük, tibeti írással. Ezeket elektronikus kiadásban is közzétesszük, melyek letölthetők web-oldalunkról az alább bemutatott módon. E könyvünk a benne szereplő tibeti szövegek eredetijét terjedelmi okok miatt nem tartalmazza.

Elektronikus források

A PKTC egy egész sor elektronikus eszközt fejlesztett ki a tibeti szövegek tanulmányozásának és fordításának megkönnyítésére. Sok éve már, hogy e szoftver világszerte – magában Tibetben is – a tibeti buddhista központok elsőrendű forrásává vált, és a PKTC web-oldalán keresztül érhető el.

A TibetDoc szövegszerkesztő rendelkezik az egyetlen teljes, tibeti szövegek tibeti nyelv normái szerinti létrehozatalára, javítására és formázására alkalmas eszközkészlettel. Vegyes – tibeti és angol, vagy más nyelvű – szövegek előállítására is használható. Kimagasló minőségű tibeti fontok is rendelkezésre állnak, melyek a prekommunista kínai Tibetből származó, régi mesterektől tanult kalligrafikus mintákon alapulnak. Kiválóságuk miatt e betűképek a tibetiek között már legendássá váltak.

A TibetDoc-ot tibeti szövegek elekronikus kiadásainak elkészítésére használjuk a TKTC ázsiai, szövegbeviteli központjában. Ezeket aztán a PKTC weblapon tesszük elérhetővé. Az elektronikus szövegek vagy a TibetDoc, vagy másik szoftverünk, a TibetD Reader használatával olvashatók, kutathatók, vagy akár elektronikus könyvtárrá is alakíthatók. A TibetDochoz hasonlóan, a TibetD Reader fejlett szoftver, sokféle, kifejezetten a tibeti szövegek olvasási és kutatási szükségleteinek kielégítésére szolgáló alkalmazással. A PKTC szoftverek megvásárolhatók, a TibetD Reader-nek azonban egy ingyenes változata is letölthető szabadon a PKTC web-lapjáról.

A TibetDoc és TibetD Reader programok egyik kulcsvonása az, hogy a szövegekben lévő tibeti kifejezések helyben kikereshetők a PKTC elektronikus szótárjai segítségével. A PKTC számos elektronikus – tibeti-tibeti és tibeti-angol – szótárral és egyéb kézikönyvvel is rendelkezik. Az *Illuminator* tibeti-angol szótár teljességéről és pontosságáról közismert.

A szoftverek, szövegek és szótárak e zökkenőmentesen együttműködő kombinációja az évek során híressé vált. Több nagyszabású kiadói projekt alapult rá a tibeti buddhista közösségen belül világszerte több mint harminc éve, s népszerű mindazok körében, akiknek a tibeti nyelvvel kell foglalkozniuk, vagy a buddhizmussal kapcsolatos ismereteiket tibeti szövegeken keresztül szeretnék elmélyíteni.

TÁRGYMUTATÓ

a bódhicsitta felkeltése xvi, 30
a buddha mindentudó tudata
.... 7
a buddhista filozófia négy
iskolája 87
a buddhista gyakorlás legelső
lépése 8
a forrás igazsága 36-38
a Három Ékkő xvii, 35, 39, 155
a három félreértés 87
a három járművön történő
utazás xv
a hat páramitá 40
a jelenségek üressége 120
a kétfajta valóság és az üresség
.... iv, 83
a kielégítetlenség igazsága
.... 36, 37
a közösség 39
a megszüntetés igazsága 36, 38
a megvilágosodás-tudat
felkeltése .... iii, 35, 40
a négy tudat-visszafordító
.... 26
a Nemes Emberek Négy
Igazsága 38
a pradnyá kifejlesztése 87
a samatha segítőtársa 68
a süppedtség és az izgatottság
.... 135
a szem tárgyai 69
a tárgy és az alany 71
a tényleges helyzet 84-86
a tibeti hagyomány 159
a tudat lényege 7, 11, 129
a tudat természete 130
a tudat-lényegiségen való
meditációt 123
a Vadzsra Járművön történő
utazás xvi
a valós létezés hiánya xix
alapvető jóság 4
alapvető tudatlanság .. 84, 86-
88, 163
alapvető valóság . xvii, 19, 163
alapvető zavarodottság 27
állandó, egységes és független
.... 106, 110
állandótlanság . 87, 88, 90, 91,
106, 107

általános előkészítők 25
analitikus meditáció 103
anyag 96, 97, 115, 167
átmeneti élmények ... 80, 81,
    144, 148
az ember megvilágosult magva
    .... iii, 3
az értéktőzsde 92, 93
az összes jelenség és lény .. 85
az összetett dolgok
    állandótlanok 107
az ösvény igazsága 36, 38
az ösvény zavarodottsága .. 25,
    27-29
az üresség közvetlen észlelése
    .... 102, 140
az üresség megismerése az idő
    vizsgálatán keresztül . iv, 119
az ürességen való meditáció
    hatása 99
az ürességen való meditálás
    előnyei 102
belátás .... xii, 105, 158
beteljesítési fokozat ... 25, 29
bódhicsitta ... xvi, xvii, 30, 44,
    54, 55, 57, 144, 154
bölcsesség 11, 19, 29, 145,
    148, 160-164
Brahma négy állomása 49
buddha .. v, vi, xi, xiii, xv, xviii,
    xix, 4, 5, 7-15, 20-22, 27, 31,
    35-40, 45, 46, 54-58, 61, 63,
    78, 83-87, 101, 102, 107,
    110, 120, 123, 140, 141,
    143-146, 149-151, 153-157,
    159-161, 164
buddhaság ... 7, 8, 21, 54, 57,
    58, 86, 140, 143, 160
buddha-bölcsességek 101
buddha-elem 14
buddha-testek 101
Coknyi Rinpócse ..... vii, 29
Csak-tudat iskola 111, 112, 116
Cshögyam Trungpa Rinpócse
    .... ix, 167
Csittamátra 111
dharmatá 13, 18, 19, 146
diszkurzív gondolatok 68,
    70, 79, 81, 125, 126
diszkurzív gondolkodás ... 15,
    17-19, 80, 125, 146
Dolpópa Serab Gyalcen ... 9,
    10, 18, 19, 21
durva állandótlanság 107
durva tapasztalatok 81
Dzogcsen 150
éberség 65, 147, 148
egyesített samatha és vipasjaná
    66
egymástól függő események
    xviii
egységes .. 106, 108-110, 113,
    114, 128, 156
együttérzés 43, 44, 46-50,
    54, 55, 57, 68, 153
el nem terelődés ... 73, 79, 80,
    127, 132
elterelődés ... 65, 77, 79, 104,
    132, 135
érdemfelajánlás 30
érzékszervi tárgyak ... 67, 68
figyelem ... 65, 68-71, 74, 76,
    77, 147, 148, 156
figyelemelterelődés .. 65, 104

TÁRGYMUTATÓ

finom állandótlanság 107
fő meditációs gyakorlat 27, 158
függetlenség .... xx, 94
Gampópa ..... xv, xvii, 26-30
Gampopa's Mahamudra .. xvi,
    154, 169
Hegyi Dharma: A végső
    értelmű jelentés óceánja ... 9
Hévadzsra Tantra 21
időzés, mozgás és tudás .. 124
igazán létező 88
igazán teljes buddha .. 40, 54,
    110, 144, 154, 156
izgatottság 81, 134, 135
járulékos szennyeződések . 10,
    11
jelen pillanat 89, 96, 112,
    116, 117, 119, 120, 132
Kadampa rend xvii
kadampa tanítás xvii
Kagyü-Nyingma .... i, vi
képzeletbeli helyzet 85
képzeletbeli valóság .. 37, 85,
    87, 88, 105, 107-110, 115,
    116, 120, 121, 152, 153
képzeletbeli valóságú
    megvilágosodás-tudat . 153,
    161
kettős tudat .. 12, 15, 84, 120,
    129, 146, 162
kettős tudattípus 84
kiegyensúlyozottság 65
kielégítetlenség . 4, 13, 36, 37,
    45, 86, 87, 153
kifejlesztési fokozat . 25, 28-30
Kincsfeltáró vii
Kisebb Jármű ... xviii, 49, 87,
    110, 111, 149, 156
közönséges emberek ... 5, 60,
    161
különleges előkészítők 25
Legmagasabb folytonosság
    kommentár 13
létünk talaja 8
Longcsen Rabdzsam 70
magasabb rendű valóság .. 85,
    121
Mahámudrá ... vi, xiv, xvi, xvii,
    30, 59, 61, 62, 65, 66, 78, 123,
    124, 130, 135-137, 147, 150,
    151, 154, 155, 157, 163, 169
megjelenés és üresség 95
megvilágító ... 60, 61, 64, 79,
    81, 133
megvilágosodás ... iii, xiv, xvii,
    8, 21, 27, 35, 40, 44, 45, 47,
    50, 54, 56, 57, 59, 69, 110,
    143, 144, 150-157, 161
menedékvétel ..... iii, 30, 35
mi a pradnyá 83
Mingyur Rinpócse . vi, vii, 29
modern fizika viii
Nagy Beteljesedés .. vi, xiv, 30,
    61, 64-66, 123, 124, 130, 135,
    136, 144, 146, 147, 150, 155,
    157, 161, 163, 168
Nagy Jármű .. xvii, 19, 20, 30,
    40, 49, 87, 110, 111, 113, 149,
    154, 156, 165
Négy Mérhetetlen . 49, 51, 52
nem szokványos spiritualitás
    .... 21, 22
nem-kettős megismerés .. 163
nem-meditáció 132, 137

odafigyelés 69, 73, 74, 76
odafigyelés a hangokra ... 73
odafigyelés a látható formákra
.... 69
odafigyelés a szagokra 74
odafigyelés a testi érzetekre 74
odafigyelés az ízekre 74
önmagunkhoz való ragaszkodás
.... 40
önszeretet 43, 44, 55
összefüggésekből álló valóság
.... 97
öt halmaz 114, 148
öt szkandha 113
Padmaszambhava vii, 155, 159
Partikularista iskola 87
pihentető meditáció . 103, 104
pradnyá ... xii, xix, 83-87, 95,
   99, 105, 106, 110, 140, 157
Pradnyápáramitá 110
racionális elme .... x, xi, xviii,
   xix, 25, 26, 54, 84, 85, 87, 88,
   94, 97, 157, 165
samatha ... iii, vii, 27, 30, 55,
   59-62, 65-69, 78, 80, 86, 103,
   104, 123-130, 135-137, 140,
   147, 148, 158, 165
samatha-vipasjaná . vii, 27, 30,
   124, 128, 137
sima tapasztalatok 80, 82
sokaság 10, 48, 52, 87, 94, 108
süppedtség 134, 135
Szangha 39, 155
Szautrántika 111
szegény ember háza 13
szellemi ösvény xiv
szellemileg fejlett lények 36, 85

személyes önvaló ... 110, 111,
   113, 114
szerető jóság ... 43, 44, 46-50,
   54-57, 68, 130
szerető jóság és együttérzés
   43, 44, 47-50, 54, 55, 57, 68
szokványos és nem szokványos
   xiii
szokványos spiritualitás 21, 22
szubatomi részecskék 97
szugatagarbha ... 7, 8, 45, 46,
   143, 160, 161
szuper-tényleges
   megvilágosodás-tudat 57, 143
szuper-tényleges valóság .. 86,
   95, 115, 116, 120, 121, 161
szútrák . xi, 27, 120, 123, 140,
   160
Szútrakövetők 111
tantrák .. xi, 22, 27, 130, 160,
   162, 169
tathágatagarbha ... 11, 12, 15,
   18, 20, 160, 161
teljes meditációs ülés ... 2, iii,
   xv-xvii, 33
teljes tisztaság ... 46, 47, 161
tényleges valóság .. 54, 84, 86,
   95, 115, 116, 120, 121, 161-
   163
tér és idő xi
test és tudat 94
tibeti buddhizmus .... 2, v, vi,
   xiii, 22, 25, 146, 169
tiszta esszencia 8
tisztátalan látszatjelenségek 29
tisztátalan látszatok 101
tudati homály 7

TÁRGYMUTATÓ

tudatlanság 19, 84-88, 95, 106, 152, 158, 163, 165
tudatosság ... 67, 71, 96, 115-117, 161, 163, 164
tudatpillanat 116
tudatpillanatok 105, 109, 111, 112, 115, 116
tudat-lényegiség . 68, 123, 128
tündöklés .. 10, 19, 22, 66, 80, 148, 164
tündöklés-dharmakája 10
üresség ... iv, xviii, xix, 21, 60, 68, 95, 102-105, 110, 112, 113, 116, 119, 125, 140, 164, 170
Vadzsra Jármű ..... iv, xv, xvii, 25, 30, 110, 123, 149, 154, 165
Vadzsra Jármű meditációk a valóságon .... iv, 123
Vadzsraszatva 133, 159
valódi béke 3
valódi létezés 95, 98
valós létezés .... xix, 95
vipasjaná ... iii, iv, vii, xii, 27, 30, 59-62, 66, 83, 86, 87, 103-105, 119, 124, 128, 129, 137, 140, 158, 165
vonatkoztatás nélküli samatha 66, 135, 136
vonatkoztatásos és vonatkoztatás nélküli 65
vonatkoztatásos samatha .. 66, 67, 69
zavaros látszatok 98

www.ingramcontent.com/pod-product-compliance
Lightning Source LLC
Chambersburg PA
CBHW031628160426
43196CB00006B/326